# Medienwissen kompakt

## Reihe herausgegeben von

Klaus Beck, Lehrstuhl für
Kommunikationswissenschaft
Universität Greifswald
Greifswald, Deutschland

Gunter Reus, Institut für Journalistik
Hochschule für Musik, Theater & Medien
Institut für Journalistik
Hannover, Deutschland

Die Reihe Medienwissen kompakt greift aktuelle Fragen rund um Medien, Kommunikation, Journalismus und Öffentlichkeit auf und beleuchtet sie in eingängiger und knapper Form aus der Sicht der Publizistik- und Kommunikationswissenschaft. Die Bände richten sich an interessierte Laien ohne spezielle Fachkenntnisse sowie an Studierende anderer Sozial- und Geisteswissenschaften. Ausgewiesene Experten geben fundierte Antworten und stellen Befunde ihres Forschungsgebietes vor. Das Besondere daran ist: sie tun es in einer Sprache, die leicht, lebendig und jedermann verständlich sein soll. Mit einer möglichst alltagsnahen Darstellung folgen Herausgeber und Autoren dem alten publizistischen Ideal, möglichst alle Leser zu erreichen. Deshalb verzichten wir auch auf einige Standards „akademischen" Schreibens und folgen stattdessen journalistischen Standards: In den Bänden dieser Reihe finden sich weder Fußnoten mit Anmerkungen noch detaillierte Quellenbelege bei Zitaten und Verweisen. Wie im Qualitätsjournalismus üblich, sind alle Zitate und Quellen selbstverständlich geprüft und können jederzeit nachgewiesen werden. Doch tauchen Belege mit Band- und Seitenangaben um der leichten Lesbarkeit willen nur in Ausnahmefällen im Text auf.

Luis Paulitsch

# Alternative Medien

Definition, Geschichte und Bedeutung

Luis Paulitsch
DATUM STIFTUNG für Journalismus und Demokratie
Wien, Österreich

ISSN 2625-1469  ISSN 2625-1477 (electronic)
Medienwissen kompakt
ISBN 978-3-658-47632-8  ISBN 978-3-658-47633-5 (eBook)
https://doi.org/10.1007/978-3-658-47633-5

Die Deutsche Nationalbibliothek verzeichnet diese Publikation in der Deutschen Nationalbibliografie; detaillierte bibliografische Daten sind im Internet über https://portal.dnb.de abrufbar.

© Der/die Herausgeber bzw. der/die Autor(en), exklusiv lizenziert an Springer Fachmedien Wiesbaden GmbH, ein Teil von Springer Nature 2025

Das Werk einschließlich aller seiner Teile ist urheberrechtlich geschützt. Jede Verwertung, die nicht ausdrücklich vom Urheberrechtsgesetz zugelassen ist, bedarf der vorherigen Zustimmung des Verlags. Das gilt insbesondere für Vervielfältigungen, Bearbeitungen, Übersetzungen, Mikroverfilmungen und die Einspeicherung und Verarbeitung in elektronischen Systemen.
Die Wiedergabe von allgemein beschreibenden Bezeichnungen, Marken, Unternehmensnamen etc. in diesem Werk bedeutet nicht, dass diese frei durch jede Person benutzt werden dürfen. Die Berechtigung zur Benutzung unterliegt, auch ohne gesonderten Hinweis hierzu, den Regeln des Markenrechts. Die Rechte des/der jeweiligen Zeicheninhaber*in sind zu beachten.
Der Verlag, die Autor*innen und die Herausgeber*innen gehen davon aus, dass die Angaben und Informationen in diesem Werk zum Zeitpunkt der Veröffentlichung vollständig und korrekt sind. Weder der Verlag noch die Autor*innen oder die Herausgeber*innen übernehmen, ausdrücklich oder implizit, Gewähr für den Inhalt des Werkes, etwaige Fehler oder Äußerungen. Der Verlag bleibt im Hinblick auf geografische Zuordnungen und Gebietsbezeichnungen in veröffentlichten Karten und Institutionsadressen neutral.

Planung/Lektorat: Barbara Emig-Roller
Springer VS ist ein Imprint der eingetragenen Gesellschaft Springer Fachmedien Wiesbaden GmbH und ist ein Teil von Springer Nature.
Die Anschrift der Gesellschaft ist: Abraham-Lincoln-Str. 46, 65189 Wiesbaden, Germany

Wenn Sie dieses Produkt entsorgen, geben Sie das Papier bitte zum Recycling.

# Danksagung

Ein spezieller Dank geht an alle Forschenden und Journalist:innen, die regelmäßig zu Alternativen Medien publizieren. Ohne ihre wichtige Arbeit wäre dieses Buch wohl nicht möglich gewesen. Im Bereich rechtsalternativer Medien sind jene Personen nicht selten persönlichen Angriffen ausgesetzt.

# Inhaltsverzeichnis

1 **Einleitung**........................... 1
   Zum Begriff „Alternativmedium"............... 4
   Nutzung und Reichweite Alternativer Medien....... 8

2 **Aufbau des Bandes**...................... 15

3 **Historischer Überblick**................... 19
   Erste Generation: Alternative Zeitungen............ 21
   Zweite Generation: Freie Radios ................ 32
   Dritte Generation: Alternative Onlinemedien........ 36

4 **Aufbau von Gegenöffentlichkeiten**............... 41
   Was bedeutet Öffentlichkeit?.................... 43
   Was sind Gegenöffentlichkeiten?................ 46
   Abgrenzung von den Mainstream-Medien.......... 50
   Und Soziale Medien?......................... 55

5 **Unterscheidung von Alternativmedien?**.......... 57
   Belegschaft (*Akteursbezogen*).................. 60
   Finanzierung (*Organisationsbezogen*)............ 62
   Inhalte und Aufmachung (*Inhaltsbezogen*).......... 66

| | | |
|---|---|---|
| **6** | **Rechtspopulismus** | 71 |
| | „Negative Öffentlichkeit" | 73 |
| | Verhältnis zur Politik | 74 |
| | Ein Problem für die Demokratie? | 80 |
| **7** | **Fazit und Lösungen** | 87 |
| | Neuer Begriff? | 90 |
| | Die Rolle von Politik, Medien und Zivilgesellschaft | 92 |
| **8** | **Epilog** | 99 |

**Zum Weiterlesen** ... 101

**Glossar** ... 107

# 1
# Einleitung

**Zusammenfassung** Dieses Kapitel erläutert zunächst die Bedeutung Alternativer Medien anhand von Beispielen aus der jüngeren Vergangenheit. Anschließend geht es um Probleme, die der Begriff „Alternativmedium" mit sich bringt. Zudem werden repräsentative Daten zur Nutzung und Reichweite alternativer Medienangebote präsentiert.

Als Donald Trump die US-Präsidentschaftswahl 2016 gewann, war die Überraschung groß: Noch nie zuvor hatten sich so viele etablierte Medien explizit gegen einen Kandidaten fürs Weiße Haus ausgesprochen. War es möglich, dass die US-Medien den Kontakt zu einem größeren Teil der Bevölkerung verloren hatten? Schon bald fiel in dem Zusammenhang der Name eines berüchtigten Online-Portals: *Breitbart News Network*. Die Nachrichtenseite hatte im Wahlkampf gezielt für Donald Trump Stimmung gemacht und war durch Beiträge aufgefallen wie „Politische Korrektheit schützt muslimische Vergewaltigungskultur". Das simple Konzept von *Breitbart*: Reißerische Überschriften in Großbuchstaben, ein kurzer neutraler Bericht und darunter unzählige Hasskommentare von User:innen. Am Ende des Wahlkampfs hatte sogar Hillary Clinton *Breitbart* öffentlich kritisiert, offenkundig mit wenig Erfolg. Laut Medienberichten erzielte das Portal in der Wahlnacht auf Facebook höhere Interaktionsraten als *CNN*, *Fox News* und die *New York Times*.

Wer stand hinter *Breitbart*? Die US-amerikanische Website wurde im Jahr 2007 vom Publizisten Andrew Breitbart gegründet, um eine konservative Alternative zum liberalen „Establishment" aufzubauen. Nach Breitbarts unerwartetem Tod übernahm der damalige Produzent Stephen Bannon die Firma hinter *Breitbart*. Unter Bannons Führung wurde die Plattform zum Sprachrohr der „Alt-Right"-Bewegung und regelmäßig für die Verbreitung rassistischer, misogyner und antisemitischer Inhalte kritisiert. Im August 2016 wechselte Bannon in Trumps Team als Wahlkampfleiter, unmittelbar nach der US-Wahl avancierte er zum Chefstrategen im Weißen Haus. Auch für *Breitbart* hatte der Wahlsieg Trumps positive Auswirkungen: Im März 2017 zählte die Plattform zu den weltweit 250 meistbesuchten Websites, in den USA lag die Seite sogar noch vor der *Washington Post*. Außerdem wurde die Belegschaft von 40 auf rund 100 Mitarbeitende aufgestockt.

Angetrieben vom Erfolg gab *Breitbart* damals bekannt, dass man auch eine Redaktion in Deutschland wegen der dort bevorstehenden Bundestagswahlen eröffnen wolle. Die Pläne wurden jedoch schon bald wieder verworfen, wohl auch weil der Bedarf an einer solchen Plattform nicht unbedingt gegeben war. Im deutschsprachigen Raum existierten bereits zahlreiche einschlägige Medien, die als alternative Nachrichtenangebote auftraten und ihre Inhalte vorrangig über soziale Plattformen verbreiteten. Die „Alternativmedien" warfen den traditionellen Leitmedien eine ideologisch motivierte einseitige Berichterstattung vor, insbesondere bei den Themen Migration und Russland. Beispiele hierfür waren *Compact* (Deutschland), *Alles Schall und Rauch* (Schweiz) oder *Info-DIREKT* (Österreich).

Zu Beginn des russischen Angriffskriegs auf die Ukraine wurden die alternativen Nachrichtenportale *Sputnik* und *RT* in der gesamten Europäischen Union verboten. Man wolle die „Medienmaschine des Kremls in der EU" stilllegen, um Lügen zu Putins Überfall zu verhindern, so die Kommissionspräsidentin Ursula von der Leyen. In der Folge stellten auch die deutschsprachigen Ableger der russischen Portale ihre offiziellen Aktivitäten ein. Zudem gab die deutsche Innenministerin im Sommer 2024 bekannt, dass sie das Magazin *Compact* verboten habe, weil es ein „zentrales Sprachrohr der rechtsextremistischen Szene" sei und mitunter gegen die parlamentarische Demokratie hetze. Das Verbot war jedoch bloß von kurzer Dauer – wenige Wochen später setzte das Bundesverwaltungsgericht den Sofortvollzug wegen fehlender Verhältnismäßigkeit aus. *Compact* darf vorerst weiter erscheinen, der Ausgang des Verbotsverfahrens ist zum jetzigen Zeitpunkt offen.

Die soeben geschilderten Fälle machen allesamt deutlich: Sogenannte Alternative Medien haben in westlichen Demokratien an politischer Bedeutung gewonnen. Auf der einen Seite sind sie für populistische bis extremistische Akteur:innen ein wichtiges Mittel, um im digitalen Raum eigene Erzählungen abseits der unabhängigen Nachrichtenmedien zu schaffen. Auf der anderen Seite sehen sich demokratische Kräfte dazu veranlasst, den Einfluss Alternativer Medien zurückzudrängen, und ergreifen dabei teils drastische Maßnahmen. Man könnte noch viele weitere Beispiele aus der jüngeren Vergangenheit nennen, bei denen die (negativen) Auswirkungen Alternativer Medien auf unsere Gesellschaft diskutiert wurden. Eingangs sollten wir aber klären, was überhaupt unter einem Alternativmedium zu verstehen ist.

## Zum Begriff „Alternativmedium"

In der Medien- und Kommunikationswissenschaft wird der Begriff „Alternativmedium" bis heute nicht einheitlich definiert. Der Begriff weist eine lange Geschichte auf und wurde für ganz unterschiedliche Publikationen angewandt. Gängige Definitionen von Alternativmedien fokussieren sich auf eine Abgrenzung zu den „Mainstream-Medien". Der mediale Mainstream umfasst jene Medienunternehmen, die über eine hohe Reichweite verfügen und somit die öffentliche Debatte wesentlich prägen. Dazu gehören große Fernseh- und Radiosender, vor allem die Öffentlich-Rechtlichen, oder Zeitungen mit hohen Leser:innenzahlen. In Deutschland sind das etwa *Der Spiegel*, die *Frankfurter Allgemeine Zeitung* und die *BILD*-Zeitung. Heute wird die Bezeichnung als „Mainstream-Medium" oft in abwertender Form gebraucht, im vorliegenden Buch ist daher bevorzugt von etablierten Medien die Rede.

Alternative Medien sind Medienangebote, die sich von den etablierten Nachrichtenmedien in irgendeiner Weise unterscheiden. „Alternativ" meint also nicht nur die Inhalte des Mediums – ebenso tragen der Produktionsprozess, die Belegschaft, die Finanzierung oder auch das Publikum zu einer Bewertung als Alternativmedium bei. Wenn etwa ein Magazin keine professionellen Journalist:innen beschäftigt und bewusst auf Werbeanzeigen verzichtet, könnte man bereits von einem Alternativen Medium sprechen, selbst wenn es klassische Nachrichteninhalte verbreitet. Demgegenüber gibt es Medien, deren Inhalte nichts mit seriösen Nachrichten gemein haben und damit als „alternativ" gelten, obwohl sie von ausgebildeten Journalist:innen produziert werden (siehe dazu Kap. 5).

Im Übrigen kann ein Alternativmedium nach einer gewissen Zeit auch zum etablierten Medium werden. Publikationen wie die deutsche *taz* oder die US-amerikanische *HuffPost* starteten in ihrem Selbstverständnis als Alternatives Medium, ehe sie im Laufe der Jahre selbst Teil des Mainstreams wurden. Umgekehrt können traditionelle Nachrichtenmedien bestimmte Themen oder Methoden von Alternativen Medien sukzessive übernehmen. Einzelne etablierte Medienhäuser haben ihre inhaltliche Ausrichtung derart stark verändert, dass die Forschung sie mittlerweile den Alternativmedien zurechnet. Ein prominentes Beispiel dafür ist die Schweizer *Weltwoche*. Das Wochenmagazin fährt seit der Übernahme durch den ehemaligen SVP-Politiker Roger Köppel einen rechtspopulistischen Kurs und räumt alternativen Positionen überdurchschnittlich viel Raum ein – sei es beim Thema Migration, bei Corona oder dem russischen Angriffskrieg.

Wir sehen: Was „alternativ" ist, hängt von mehreren Faktoren ab und kann immer nur im Einzelfall bestimmt werden. Insofern sollten wir etablierte und Alternative Medien nicht als streng definierbaren Gegensatz, sondern eher innerhalb eines Kontinuums betrachten. In der Praxis kommt es daher immer wieder zu Abgrenzungsschwierigkeiten: Können wir von einem Alternativmedium sprechen, obwohl ein Staatsoberhaupt diesem bevorzugt Interviews gibt? Handelt es sich noch um ein Mainstream-Medium, wenn darin Verschwörungstheoretiker prominent zu Wort kommen? Und was hat es zu bedeuten, wenn das Alternativmedium eine ähnlich große Popularität wie ein etabliertes Medium genießt? Als Grenzfall gilt etwa der Sender *Fox News*, der mit dem Label „Alternative zum Establishment" liebäugelt, zugleich aber einer der reichweitenstärksten Fernsehkanäle der USA ist. Im deutschsprachigen Raum stellt uns der österreichische Privatsender *ServusTV* vor ähnliche Abgrenzungsprobleme.

Mehrere Expert:innen plädieren dafür, den Begriff „Alternativmedium" überhaupt nicht mehr anzuwenden und durch einen neuen zu ersetzen. Ein Problem sehen viele schon in der Bezeichnung als „Alternative", die für das Publikum missverständlich sei. Lange Zeit setzte man „alternativ" mit der politischen Linken gleich bzw. war es ein Schlüsselwort früherer sozialer Bewegungen. In den 90er-Jahren wurde ein Modewort daraus, ehe die politische Rechte den Begriff zusehends vereinnahmte. Heutzutage wird „alternativ" im rechten Spektrum inflationär angewandt – man denke bloß an „alternative facts", „Alt-Right" oder die *Alternative für Deutschland* (AfD). Dementsprechend nutzen auch einige rechtsgerichtete Medien das Wort zu PR- und Werbezwecken, zum Beispiel in der Selbstbeschreibung als „Alternatives, unabhängiges Fernsehen" (*AUF1*). Auf dem extrem rechten Blog *Journalistenwatch* gibt es sogar eine eigene Rubrik, in der „Alternative Zeitungen & Magazine" empfohlen werden. Die Wissenschaft scheint daher schon seit längerem darum bemüht, andere Bezeichnungen bzw. Konzepte zu etablieren (z. B. „radical media"; „critical media").

Manche Expert:innen stört auch die Bezeichnung als „Medium", weil sie einen objektiven Nachrichtencharakter suggeriere. Tatsächlich verbreiten zahlreiche Alternative Medien stark subjektiv gefärbte Inhalte und vernachlässigen damit oft journalistische Kriterien wie Wahrhaftigkeit, Ausgewogenheit, Diskriminierungsverbot etc. Vielmehr werden einzelne Personen, Gruppen oder Weltanschauungen durchwegs in ein negatives Licht gerückt, ohne dabei gegenteilige Positionen zu berücksichtigen. Obwohl eine politische Tendenz an sich völlig legitim ist, geht es hier kaum noch um Berichterstattung, sondern um (parteiische) Propaganda – wenig überraschend stehen viele Alternativmedien heute einer politischen Bewegung nahe. In Anbetracht dessen werden auch

## 1 Einleitung

Begriffe wie „Alternativpublizistik", „Alternativjournalismus" oder „hyperparteiische Medien" vorgeschlagen.

In jüngerer Vergangenheit hat das Interesse der Medien- und Kommunikationsforschung an Alternativen Medien jedenfalls stark zugenommen. Ein wesentlicher Grund dafür ist der seit den 2010er-Jahren starke Anstieg von Medien, die häufig im Kontext von Desinformation oder Verschwörungstheorien diskutiert werden. Außerdem sind Alternative Medien zu einem wesentlichen Instrument rechtspopulistischer Parteien geworden, worauf wir im letzten Teil des Buchs noch genauer eingehen. In der Kommunikationswissenschaft ist daher auch eine gewisse Kehrtwende feststellbar: Während sie Alternative Medien lange tendenziell vernachlässigte oder ihr (links-)progressives Potenzial ins Zentrum stellte, gilt ihr Augenmerk nun verstärkt rechtsalternativen Medien und deren (negativen) Auswirkungen auf die Demokratie.

Trotz der genannten Probleme wird der Begriff „Alternativmedium" im vorliegenden Buch verwendet. Hierfür sprechen im Wesentlichen zwei Gründe: Zum einen ist die Bezeichnung in der (medialen) Öffentlichkeit weitgehend geläufig und wird heute in zahlreichen Artikeln, wissenschaftlichen Studien oder für konkrete Publikationen benutzt. Zum anderen wäre es falsch, auf das Wort „Alternativmedium" bloß deshalb zu verzichten, weil es die politische Rechte vereinnahmt hat. Denn aktuell gibt es zahlreiche Medienprojekte, die sich zwar als Alternative zur etablierten Medienlandschaft begreifen, aber politisch unabhängig agieren und seriöse Recherchen produzieren. Für den deutschsprachigen Raum sind hier etwa *Krautreporter* (Deutschland), *Dossier* (Österreich) oder *Republik* (Schweiz) zu nennen.

Im Ergebnis sollten wir den Begriff „Alternativmedium" als eine Art Ober- bzw. Dachbegriff verstehen, unter dem sich eine Reihe verschiedener Medientypen versammelt. Ihnen allen ist die Unterscheidung von den sogenannten

Mainstream-Medien gemein, sei es durch ihre Akteur:innen, ihre Organisation, ihre Inhalte oder ihr Zielpublikum. Wie diese Unterschiede in der Praxis ausgestaltet sein können, ist ein Schwerpunkt des Buchs. Allerdings sollten wir berücksichtigen, dass der Begriff „Alternativmedium" in der Regel eine Selbst- oder Fremdbeschreibung darstellt, die nicht zwangsläufig etwas über die Eigenschaften eines Mediums aussagt. Dementsprechend wird der Begriff heutzutage in Artikeln, Studien etc. meistens unter Anführungszeichen gesetzt.

## Nutzung und Reichweite Alternativer Medien

Es gibt verschiedene Gründe für die Nutzung Alternativer Medienangebote. Die jüngere internationale Forschung nennt Faktoren wie eine Präferenz für populistische Parteien, wissenschaftsskeptische Einstellungen oder eine intensive Social-Media-Nutzung. Ferner dürfte die Beliebtheit Alternativer Medien auch davon abhängen, wie stark polarisiert bzw. fragmentiert die Medienlandschaft im jeweiligen Land ist. Zu diesem Ergebnis gelangte eine 2021 veröffentlichte Studie, wonach speziell in den USA das Publikum selbsternannter Alternativmedien im Vergleich zu anderen Ländern besonders groß sei. In der Regel werden die Mainstream-Medien von den Nutzenden aber nicht komplett abgelehnt; vielmehr dienen ihnen Alternative Medienangebote als ergänzende Informationsquelle bzw. Gegenpol, insbesondere bei kontroversen Themen wie Migration oder der Klimakrise.

Werfen wir einen genaueren Blick auf den deutschsprachigen Raum, was die Nutzung Alternativer Medien betrifft. Einen guten Anhaltspunkt bietet der seit 2012 von der Nachrichtenagentur *Reuters* herausgegebene „Digital News Report", der das Nutzungsverhalten und Vertrauen in digitale Nachrichtenmedien jährlich untersucht. Demzufolge waren es in Deutschland 2024 insgesamt 18 Prozent, die Nachrichtenangebote außerhalb des medialen Mainstreams wöchentlich nutzen. Für Österreich werden bis dato auch konkrete Alternativmedien abgefragt. Eine Auswertung der letzten vier Jahre zeigt, dass die zumindest gelegentliche wöchentliche Nutzung jener Medienprojekte im einstelligen Prozentbereich liegt; einen Höchstwert erreichte hier das Satire-Portal *Die Tagespresse* mit 6 % im Jahr 2022. Im Übrigen geht aus den Befragungen nicht hervor, dass Alternativmedien mit bestimmter (politischer) Ausrichtung bevorzugt genutzt würden (Abb. 1.1).

Der *Digital News Report* für Deutschland gelangt zu ähnlichen Ergebnissen, wobei hier bloß bis zum Jahr 2020 fast ausschließlich rechtsalternative Medien abgefragt wurden. Andere Untersuchungen deuten hingegen auf eine deutlich intensivere Nutzung Alternativer Medien hin. Das Umfrageinstitut *YouGov Deutschland* kam beispielsweise zum Ergebnis, dass zu Beginn der Coronapandemie rund 35 % der Befragten täglich und 17 % ein- bis dreimal pro Woche alternative Nachrichtenseiten konsumiert hätten. Bisherige Erhebungen zur Nutzung Alternativer Medien werden in der Kommunikationsforschung vereinzelt auch kritisch be-

| Medium | 2021 | 2022 | 2023 | 2024 |
|---|---|---|---|---|
| *eXXpress* | - | 3,8 % | 3,3 % | **4,3 %** |
| *Kontrast* | **3,3 %** | 2,4 % | 2,5 % | 2,3 % |
| *Der Pragmaticus* | - | 1,0 % | 1,4 % | **1,8 %** |
| *Die Tagespresse* | - | **6,0 %** | 4,7 % | 3,5 % |
| *Unzensuriert* | 2,4 % | **3,1 %** | 2,3 % | 2,4 % |
| *ZackZack* | 3,9 % | **5,7 %** | 3,2 % | 2,7 % |
| *Zur Sache* | - | **1,3 %** | 1,3 % | 1,0 % |

**Abb. 1.1** Entwicklung der Gesamtnutzung Alternativer Medien in der österreichischen Bevölkerung auf Basis von > 2000 Befragten. (Quelle: Digital News Reports Network Austria)

wertet, da sie mutmaßlich zu einer Überschätzung der Reichweite führen.

„Reichweite" meint hier die Anzahl von Personen, die ein Alternativmedium mit seinen Botschaften tatsächlich erreicht. Da die meisten Publikationen heute ausschließlich digital erscheinen, dienen *Tracking*-Daten als verlässlichere Quelle bei der Reichweitenmessung, etwa die Anzahl der Seitenaufrufe, Verweildauer etc. Allerdings entzieht sich ein Großteil der Alternativmedien einer freiwilligen Reichweitenanalyse durch unabhängige Organisationen wie die *agma* (Deutschland) oder *ÖWA* (Österreich). Gerade auf den sozialen Plattformen können Klickzahlen auf verschiedene Weise manipuliert werden (z. B. durch Click Farmen, Bots etc.); insofern sind vorhandene Tracking-Daten ebenfalls mit Vorsicht zu genießen. Zudem veröffentlichen Alternativmedien nur selten Angaben zu Werbekooperationen, womit auch ihre Attraktivität für den Werbemarkt unklar bleibt.

Eine aktuelle Fallstudie des vom Europäischen Forschungsrats (*ERC*) finanzierten Projekts „RUSINFORM" identifiziert die 20 reichweitenstärksten Alternativmedien im DACH-Raum. Als Auswahlkriterien dienten hier neben den Website-Zugriffen auch die Followerzahlen auf sozialen Plattformen und Messenger-Diensten (Stand: Juni 2022). Zum Teil sind es beachtliche Zahlen, insbesondere was die monatlichen Seitenzugriffe betrifft, die dennoch deutlich unter denen der Leitmedien liegen: Während das Alternativmedium *Tichys Einblick* etwa 4,9 Mio. monatliche Seitenaufrufe verzeichnete, waren es zu jener Zeit bei der *Tagesschau* rund 116 Mio. und bei *BILD* sogar 215 Mio.. Abgesehen davon wird deutlich, dass die führenden deutschsprachigen Alternativmedien fast alle dem rechten Spektrum entstammen (Abb. 1.2).

Eine große Rolle bei der Reichweite Alternativer Medien spielt heute deren Präsenz auf sozialen Plattformen. Über-

| Medium | Webseite | Facebook | Twitter | Instagram | Telegram | YouTube |
|---|---|---|---|---|---|---|
| Tichys Einblick | 4.9 M | 64.264 | 291.700 | NA | 10.569 | 136.000 |
| Reitschuster | 4.5 M | 100.319 | 132.700 | 75.700 | 282.000 | 353.000 |
| Achse des Guten | 4.3 M | 52.039 | 63.000 | 1.320 | 7.630 | 111.000 |
| Epoch Times | 3.4 M | 876.455 | 14.200 | 11.100 | 42.173 | 16.500 |
| PI-News | 3.1 M | NA | 4.643 | NA | 5.220 | NA |
| Jouwatch | 2.5 M | NA | NA | NA | 121.000 | 1.800 |
| Anti-Spiegel | 2.2 M | 8.419 | 17.400 | 482 | 69.330 | 87.300 |
| Report24 | 2.2 M | NA | NA | NA | 38.611 | 428 |
| NachDenkSeiten | 2.1 M | 99.945 | 40.400 | NA | 11.914 | 82.000 |
| Wochenblick | 1.9 M | 79.287 | NA | 2.795 | 59.885 | 6.960 |

Abb. 1.2 Tabelle zu den zehn führenden Alternativmedien im DACH-Raum (Stand: Juni 2022), zit. n. Beseler/Toepfl 2024

haupt wäre der starke Anstieg Alternativer Nachrichtenseiten ab den 2010er-Jahren ohne Social Media wohl nicht denkbar gewesen. Ein wesentlicher Grund dafür sind die geringen Zugangsbarrieren bzw. die leichte Bedienbarkeit sozialer Plattformen; im Unterschied zu früher braucht es keine professionellen Strukturen, Sendelizenzen oder Werbekooperationen mehr. Stattdessen kann eine effektive Social-Media-Strategie bereits genügen, um als Medium größere Bekanntheit zu erlangen. Hier haben es einige Alternativmedien von Beginn an verstanden, ihren Beiträgen über die eigentliche Zielgruppe hinaus Reichweite in den sozialen Medien zu verschaffen. Neben den Algorithmen spielte dabei auch die starke Vernetzung unter den Alternativmedien und ihnen nahestehenden Akteur:innen eine Rolle – mehr dazu später.

Die Dominanz Alternativer Medienangebote ist immer auch von der konkreten Plattform und den dortigen Algorithmen abhängig. Hier können wir ein weiteres Mal auf die „Digital News Reports" der vergangenen Jahre zurückgreifen. In den Reports wird nämlich auch abgefragt, welche Nachrichtenquellen auf sozialen Plattformen die meiste Beachtung finden. So zeigt etwa der Report 2023 für Deutschland, dass alternative Nachrichtenquellen (oder alternative Journalist:innen) vor allem auf *X* (vormals *Twitter*) mit 45 % besonders viel Beachtung erhielten. Und bei *TikTok* lag der Wert sogar vor den traditionellen Nachrichtendiensten. Allerdings vermerkt der Report ausdrücklich, dass diese Angaben wegen der geringen Fallzahlen mit Vorsicht zu genießen seien. Der Report für Österreich gelangt im selben Jahr zu etwas anderen Ergebnissen, wobei hier auch nationale Unterschiede in der Medienlandschaft eine Rolle spielen könnten (Abb. 1.3 und 1.4).

Zu Recht dürften sich einige nun die Frage stellen, ob nicht auch die sozialen Plattformen als Alternative Medien einzustufen wären. Streng genommen dienen auch *Facebook*, *YouTube* oder *X* als alternative Informationsquelle zu den traditionellen Medien – selbst wenn diese ihre Berichte ebenfalls auf Social Media verbreiten. In der Kommunikationswissenschaft gelten soziale Plattformen jedoch überwiegend als Verbrei-

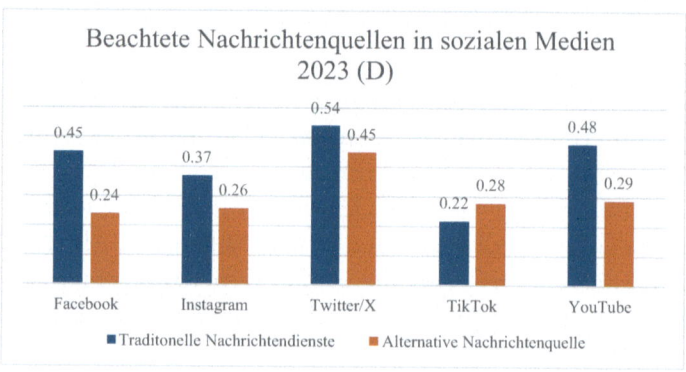

**Abb. 1.3** Beachtung von Nachrichtenquellen in sozialen Medien. Basis = Facebook (199 Befragte); YouTube (252); Twitter (68); Instagram (106); TikTok (37). In: Reuters Institute Digital News Report 2023/Leibniz-Institut für Medienforschung|Hans-Bredow-Institut

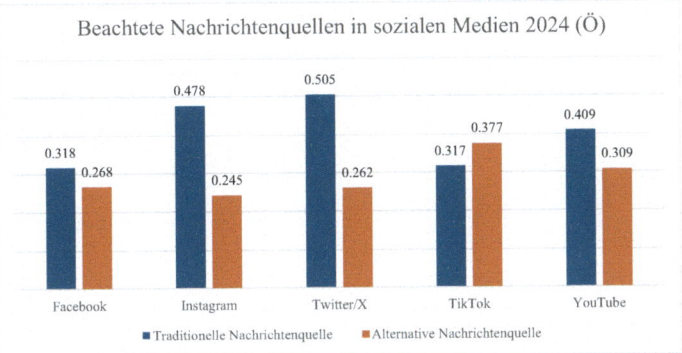

**Abb. 1.4** Beachtung von Nachrichtenquellen in sozialen Medien. Basis = Facebook (338 Befragte); Twitter (62); Instagram (147); TikTok (65); YouTube (308). In: Digital News Report Network Austria 2023 (gerundete Werte)

tungsnetzwerke, die sowohl traditionelle als auch alternative Nachrichteninhalte bereitstellen. Der Frage, ob es auch „alternative soziale Medien" geben kann, widmen wir uns später noch (Kap. 4). Abseits dessen liegt der Fokus des Buchs auf Alternativen Medien, die Nachrichten bzw. nachrichtenähnliche Inhalte selbst produzieren.

Abschließend lässt sich festhalten, dass bisherige Studien zur Kenntnis und Reichweite Alternativer Medienangebote zu teils unterschiedlichen Ergebnissen führen. Insgesamt dürfte die regelmäßige Nutzung einzelner Alternativmedien derzeit aber (noch) im einstelligen Prozentbereich liegen, zumindest was den deutschsprachigen Raum betrifft. Trotz dieser geringen Zahlen sollte man den Einfluss, den Alternativmedien auf den öffentlichen Diskurs nehmen können, nicht unterschätzen. So dürften sie auf mehreren Social-Media-Plattformen derzeit eine überproportionale Sichtbarkeit erzielen. Ein Blick auf die jüngere Geschichte zeigt uns zudem, dass es Alternativen Medien immer wieder gelingen kann, mit ihrer Berichterstattung gesellschaftliche Entwicklungen voranzutreiben. Auf konkrete Beispiele gehen wir in den nächsten Kapiteln ein.

# 2
# Aufbau des Bandes

Die Relevanz Alternativer Medien hat mit der Digitalisierung unweigerlich zugenommen. Im 20. Jahrhundert besaßen klassische Massenmedien wie Zeitungen, Radio oder Fernsehen noch eine sogenannte Gatekeeper-Funktion. Sie hatten demnach maximale Deutungsmacht, was die Verbreitung von nachrichtenrelevanten Informationen betrifft. Mittlerweile ist es hingegen jeder einzelnen Person möglich, via Website, Blog oder Social-Media-Account ein nachrichtenähnliches Format zu betreiben. Außerdem können wir in den letzten Jahren beobachten, dass immer mehr Menschen den etablierten Medien misstrauen und ihre Informationen (zusätzlich) von pseudojournalistischen Projekten im Netz beziehen. Für die Kommunikationswissenschaft werfen Alternative Medien somit zwei wichtige Fragen auf:

Erstens stellt sich die Frage, welchen Effekt Alternativmedien auf die Gesellschaft haben. Gerade mit Blick auf das globale Erstarken des Rechtspopulismus erscheint diese

Frage hochaktuell. In der Einleitung haben wir am Beispiel von *Breitbart* gesehen, dass Alternative Medien zu einem wesentlichen Mittel für (rechte) Politiker:innen geworden sind, um im digitalen Raum eigene Narrative aufzubauen und dadurch neue Anhänger:innen zu gewinnen. Studien belegen uns, dass das Misstrauen gegen unabhängige Medien bei den Wählenden rechtspopulistischer Parteien am stärksten ausgeprägt ist. Es gilt also zu klären, welche Rolle Alternative Medien bei der politischen Willensbildung spielen und ob sie womöglich für die Vertrauenskrise des unabhängigen Journalismus mitverantwortlich sind.

Zweitens müssen wir uns umgekehrt die Frage stellen, welchen Anteil die Gesellschaft beim Aufstieg Alternativer Medien hat: Was veranlasst Menschen dazu, Medienprojekte in Opposition zum medialen Mainstream aufzubauen? Es wäre zu kurz gegriffen, deren aktuell große Anzahl allein auf die Möglichkeiten des Internets zurückzuführen. Wie wir in diesem Buch noch sehen werden, geht die Entstehung Alternativer Medien meistens mit gesellschaftlichen Umbrüchen oder Krisenereignissen einher. Ein Beispiel aus der jüngeren Vergangenheit ist die COVID19-Pandemie, die zu einem weiteren Anstieg nachrichtenähnlicher Formate im Netz führte. Insofern sind es auch zeithistorische oder globale Wendepunkte, die bei der Entstehung und Popularität Alternativer Medien eine Rolle spielen können.

Wenn wir also über Alternativmedien sprechen, gibt es diese Aspekte zu berücksichtigen: Einerseits sind sie ein Ausdruck gesellschaftlicher Dynamiken und daher immer auch als Reaktion auf bestimmte Ereignisse zu deuten. Anderseits prägen sie unsere Gesellschaft mit und haben somit einen gewissen Einfluss auf öffentliche Stimmungsbilder oder politische Einstellungen in der Bevölkerung. Der Aufbau des vorliegenden Buchs gliedert sich daher wie folgt: Das dritte Kapitel behandelt die Geschichte Alternativer Medien mit einem Schwerpunkt auf der Bundesrepublik Deutschland (BRD).

## 2 Aufbau des Bandes

Im zeithistorischen Rückblick werden drei „Generationen" Alternativer Medien sichtbar, ihre Ursprünge liegen in der zweiten Hälfte des 20. Jahrhunderts.

Das vierte Kapitel beleuchtet den Begriff der „Gegenöffentlichkeit", die durch ein Alternatives Medium hergestellt werden soll. Dabei geht es um Motive, Strategien und Methoden von Akteur:innen, die mediale Gegenöffentlichkeiten zum vorherrschenden Diskurs aufbauen. Wir greifen auf ein in der Kommunikationsforschung bewährtes Konzept zurück, das es uns erlaubt, Mainstream- und Alternative Medien auf drei Ebenen voneinander abzugrenzen.

Das fünfte Kapitel zeigt, dass die heutigen zahlreichen Alternativen Medien teils starke Unterschiede aufweisen. Im Fokus steht dabei ihre Belegschaft, ihre Finanzierung und die inhaltliche Ausrichtung. Das sechste Kapitel widmet sich der Rolle von Alternativmedien im Rechtspopulismus. Hier lohnt sich ein genauerer Blick, weil zwischen rechten Parteien und Alternativen Medien ein symbiotisches Verhältnis besteht, das bei anderen politischen Lagern in der Form bislang nicht gegeben ist. In dem Zusammenhang gehen wir auch auf das demokratieschädigende Potenzial rechtsalternativer Medien ein.

Im siebten Kapitel wird die Frage aufgeworfen, ob die Unterscheidung in etablierte Medien und Alternative Medien heute überhaupt noch sinnvoll ist. Stattdessen schlagen wir vor, sich auf journalistische Standards zu konzentrieren, was eine Unterteilung in *journalistische Medien* und *nichtjournalistische Medien* ermöglicht. Zusätzlich werden Lösungen aufgezeigt, um der wachsenden Zahl von Alternativmedien als demokratische Gesellschaft zu begegnen. Der Epilog bietet einen kurzen Ausblick in die Zukunft.

# 3

# Historischer Überblick

**Zusammenfassung** Dieses Kapitel befasst sich mit der Entstehungsgeschichte Alternativer Medien. Im Zentrum steht dabei die Bundesrepublik Deutschland, zudem wird an einzelnen Stellen auch auf die Situation in der DDR und in Österreich eingegangen. Zeithistorisch betrachtet gibt es drei „Generationen" von Alternativmedien, deren Ursprünge in der zweiten Hälfte des 20. Jahrhunderts liegen.

Alternative Medien sind keineswegs ein neues Phänomen. Hierfür reicht ein kurzer Blick auf die Neuzeit, in der sich schon früh eine Art „Presse von unten" entwickelte. Im 16. Jahrhundert verbreiteten die Reformator:innen ihre Kritik an der katholischen Kirche in polemischen Flugschriften, die eine Alternative zu den von der Kirche autorisierten Schriften darstellten. Während der Französischen Revolution ab 1789 konnte man eine explosionsartige Zunahme der Publizistik und Pamphletistik beobachten. Und die Arbeiter:innenbewegung nutzte Ende des 19. Jahrhunderts politische Kampfschriften bzw. Manifeste, um ihren Protest zu artikulieren und ihre Anhänger:innen zu mobilisieren. Diese wenigen Beispiele zeigen uns, dass Alternative Medien ein Ausdruck der gesellschaftlichen Dynamiken ihrer Zeit sind und sich dabei immer gegen herrschende Autoritäten richten.

Zudem wurden Nachrichteninhalte immer auch schon von Laien (und nicht nur von Journalist:innen) verbreitet. So gab es schon im 17. Jahrhundert Einblattdrucke und Flugschriften, die von Lehrenden und Drucker:innen in Eigenverantwortung erstellt wurden. Erst im 19. Jahrhundert, als sich die Berufsgruppen ausdifferenziert hatten, kam auch der professionelle Journalismus auf. Parallel dazu entstand in den USA und Europa die gewinnorientierte Massenpresse, ausgelöst durch den nunmehr technisch möglichen Anstieg von Zeitungs- und Zeitschriftenprodukten. Während vor allem die Boulevard-Redaktionen an den Bedürfnissen ihres Publikums orientiert waren, gab es gleichzeitig auch Parteimedien. In der Weimarer Republik existierte für nahezu jede politische Bewegung eine eigene Zeitung, die weder objektiv noch unabhängig berichtete. Im Nationalsozialismus kam es schließlich zur Ausschaltung jeglicher Presse- und Meinungsfreiheit; übrig blieben NS-Publikationsorgane.

Mit anderen Worten: Alternative Medienangebote gibt es, seitdem publizistische Medien existieren. Dennoch entstand der Begriff „Alternativmedium" erst im Laufe des 20. Jahrhunderts und wurde zunächst für Publikationen im Kontext sozialer Bewegungen angewandt. Es reicht somit aus, dass wir uns in diesem Buch auf die jüngere Geschichte Alternativer Medien konzentrieren.

# Erste Generation: Alternative Zeitungen

Um die Entstehung Alternativer Medien in der BRD nachzuzeichnen, sollten wir bei der Besatzungszeit nach dem Ende des Zweiten Weltkriegs beginnen. Mit der Befreiung vom Nationalsozialismus beendeten die Siegermächte die von den Nazis erzwungene Medienkonzentration. In der Folge entwickelte sich in Deutschland eine recht bunte Zeitungslandschaft, darunter etwa bis zu 250 kleinere kulturpolitische Zeitschriften. Als Konsequenz aus der NS-Medienpolitik fehlten explizit parteiische Medien nahezu komplett. Insgesamt ging es den Alliierten darum, langfristig eine unabhängige und vielfältige Medienlandschaft in Deutschland aufzubauen, frei von politischem Missbrauch und Propaganda.

Mit der Gründung der Bundesrepublik Deutschland (BRD) 1949 war es grundsätzlich allen Bürger:innen erlaubt, eine eigene Zeitung herauszubringen. Dies führte zu einem raschen Anstieg der Tageszeitungen auf 568 Titel, wobei diese große Anzahl recht schnell rückläufig und bis zum Jahr 1964 auf 183 Titel gesunken war. Unabhängig davon war die von den Alliierten beabsichtigte Verhinderung einer Medienkonzentration nicht unbedingt erfolgreich. Das zeigte sich speziell bei dem in der Nachkriegszeit gegründeten Axel Springer Verlag, der ab den 1950er-Jahren mit *BILD*, *Welt* und dem *Hamburger Abendblatt* gleich drei deutsche Tageszeitungen herausgab. Die Konzentration der Presselandschaft schritt in den folgenden Jahrzehnten in der BRD weiter voran – zugleich galt sie aber als ein wesentlicher Anstoß für die Entstehung einer alternativen Medienszene.

Einen gewissen Vorläufer deutscher Alternativmedien stellten die Schülerzeitungen dar, die von und für Schüler:innen gestaltet wurden. Jene Publikationen wurden als Teil der alliierten, vorrangig amerikanischen Erziehungsarbeit betrachtet ("Reeducation"). In Westdeutschland kam es bereits ab 1945 zur Gründung zahlreicher Schülerzeitungen nach US-amerikanischem Vorbild. Ein Beispiel hierfür ist die ab 1948 monatlich herausgegebene Zeitung *Der Punkt* der Braunschweiger Gaußschule, deren erster Chefredakteur der spätere renommierte Journalist Günter Gaus war. Anzumerken ist, dass es schon in der Weimarer Republik Schülerzeitungen gegeben hatte, damals allerdings in weit geringerem Ausmaß: Während um 1930 zwischen 100 und 200 periodische Titel erschienen, waren es 1961 rund 600 mit insgesamt drei Millionen Exemplaren.

Die in den Schülerzeitungen behandelten Themen bildeten gewissermaßen die politische Stimmung der Nachkriegszeit in Westdeutschland ab. Kritische Positionen von Schüler:innen schienen zunächst nicht erwünscht; stattdessen dokumentierten sie den schulischen Alltag und Entwicklungen im Bildungsbereich während der 1950er-Jahre. Insbesondere die NS-Vergangenheit stellte in Schülerzeitungen ein Tabuthema dar und kam höchstens im Zusammenhang mit Kriegsfolgen bzw. dem Wiederaufbau vor. Demgemäß waren auch Beiträge über die Schoah die Ausnahme. Erst ab den frühen 1960er-Jahren sollten die Schülerzeitungen zunehmend Kritik an der herrschenden Meinung üben und damit zu einem politischen Instrument werden. Zum besseren Verständnis müssen wir auf die weltpolitischen Ereignisse zu dieser Zeit eingehen.

Im Jahr 1961 begann in Israel der Strafprozess gegen den ehemaligen SS-Obersturmbannführer Adolf Eichmann, der in der NS-Zeit für den millionenfachen Mord an Jüdinnen und Juden mitverantwortlich gewesen war. Der „Eichmann-Prozess" führte in der BRD zu einer deutlichen Intensivierung der Aufarbeitung sowie der Verfolgung von NS-Verbrecher:innen. Die Nazi-Vergangenheit wurde nun auch im Schulunterricht Thema und bewirkte insbesondere an deutschen Universitäten eine Politisierung der Studierenden. Dies führte auch zu einer Themenverschiebung in den Schüler- und Studierendenzeitungen, die sich mit der Elterngeneration zunehmend kritisch auseinandersetzten. Schon während des Eichmann-Prozesses war beispielsweise die Münchner Studierendenzeitschrift *Profil* in Jerusalem anwesend und berichtete von dort über das Gerichtsverfahren.

Der Kriegseintritt der USA in den Vietnamkrieg 1964 stellte die entscheidende Zäsur für die westdeutsche Studierendenbewegung dar. Die linksgerichtete Bewegung entstand parallel zu Studierendenprotesten in anderen Staaten, etwa den USA, die heute allesamt unter dem Begriff „68er-Bewegung" zusammengefasst werden. Ihr Erstarken in der BRD ist neben dem Vietnamkrieg auch noch auf andere Ereignisse zurückzuführen: Am 2. Juni 1967 kam es in West-Berlin zu einer größeren Demonstration gegen den Staatsbesuch des persischen Schahs. Die Polizei ging gegen die Demonstrierenden mit Gewalt vor, ein Student namens Benno Ohnesorg wurde dabei von einem Polizisten erschossen. Nicht einmal ein Jahr später, am 11. April 1968, schoss ein Rechtsextremist Rudi Dutschke an und verletzte ihn dabei lebensgefährlich. Das Attentat auf den Wortführer der Studierendenbewegung gilt als Eskalationspunkt der deutschen 68er-Revolte.

Unmittelbar nach dem Attentat protestierten zahlreiche Student:innen vor dem Hochhaus des Axel-Springer-Verlags unter Parolen wie „BILD hat mitgeschossen!". Warum richtete sich die Wut der Studierenden gerade gegen Deutschlands größtes Boulevardmedium? Dem Attentat auf Dutschke war eine monatelange Berichterstattung in der Springer-Presse vorangegangen, in der gegen die Studierendenproteste und allen voran deren Wortführer polemisiert worden war. So hatte *BILD* etwa im Februar 1968 noch gefordert, den „Terror der Jung-Roten" zu stoppen, unmittelbar daneben war ein Foto von Dutschke abgebildet. Massive Kritik an dieser Berichterstattung finden wir auch in damaligen Publikationen der Studierendenbewegung, die den Springer-Verlag für das Attentat auf Dutschke mitverantwortlich machten. Die gewaltsamen Ausschreitungen vor dem Springer-Hochhaus stießen in der Bevölkerung jedoch mehrheitlich auf Ablehnung und beförderten eine Kriminalisierung der deutschen Studierendenrevolte. In der Folge spaltete sich die Bewegung in zahlreiche kleinere Gruppierungen, darunter die 1970 von Andreas Baader, Gudrun Ensslin, Horst Mahler und Ulrike Meinhof gegründete terroristische RAF.

Die Errungenschaften der 68er-Bewegung werden bis heute kontrovers diskutiert. Ungeachtet dessen hatten sie einen wesentlichen Einfluss auf die Entstehung einer Alternativen Presselandschaft in der BRD. An den Universitäten entstanden damals zahlreiche kleinere Alternativzeitungen, die sich als Sprachrohr der Studierendenrevolte und als Plattform einer linken Gegenöffentlichkeit sahen. Beispiele hierfür waren die linksradikalen Zeitschriften *Agit 883*, *Rote Presse Korrespondenz* oder *Linkeck*. Ihre Kritik galt vor allem der kapitalistischen Wirtschafts- und Gesellschaftsordnung sowie dem US-amerikanischen Imperialismus. Die Studierenden griffen aber auch andere medial unterrepräsentierte Themen auf, wozu mitunter die Kritik an der deutschen Boulevardpresse gehörte. Das der APO nahestehende *Berliner Extra-Blatt* formulierte 1967 erstmals offen die Forderung, Axel Springer zu enteignen (Abb. 3.1).

Schon bald beschränkte sich die deutsche Alternativpresse aber nicht nur auf das universitäre Umfeld. Allein zwischen 1965 und 1974 existierten in der BRD ca. 250 Alternativzeitungen, die überwiegend dem politisch linken Spektrum zugeordnet wurden. Im Jahr 1986 nannte das vom „Informationsdienst für unterbliebene Nachrichten" herausgegebene *Verzeichnis der Alternativpresse* sogar rund 600 periodisch erscheinende Printprodukte. In der Regel waren es Publikationsorgane sozialer Gruppen, die beispielsweise die

## 3 Historischer Überblick

**Abb. 3.1** „Enteignet Springer!", in: Berliner Extra-Blatt, 1967.
© Unternehmensarchiv der Axel Springer SE

Anliegen der Frauenbewegung, von Mieter:innenvereinen oder der Anti-Atomkraft-Bewegung aufgriffen. Trotz dieser überwiegend sozialen Ausrichtung handelte es sich um unterschiedliche Erzeugnisse, sowohl was ihre Aufmachung als auch was ihre inhaltlichen Schwerpunkte betrifft. Eine Typologie der deutschen Medienexperten Bernd Hütter und Christoph Nitz von 2009 veranschaulicht die damalige Vielfalt:

- **Initiativzeitungen** zur Kommunikation von Bürgerinitiativen, die vorrangig von den Betroffenen bzw. Laien gestaltet wurden.
- **Volksblätter**, die thematisch breiter als Initiativzeitungen angelegt waren und meist in Universitätsstädten erschienen.
- **Szeneblätter**, in der Regel links ausgerichtet und eng mit der Studierendenbewegung verbunden, z. B. der von 1976 bis 1990 erschienene *Pflasterstrand* in Frankfurt.
- **Stadtzeitungen** bzw. „Stattzeitungen" mit einem Fokus auf die alternative Szene und die Themen der jeweiligen Stadt (siehe unten).

- **Tageszeitungen**, die ursprünglich als überregionale Alternative starteten und sich im Laufe der Zeit entsprechend professionalisierten, etwa die 1979 gegründete Berliner *taz*.
- **Fachzeitschriften**, die überwiegend Ende der 1970er-Jahre gegründet wurden und zum Teil bis heute existieren. Sie warfen „alternative" Perspektiven und Fragestellungen zu einem bestimmten Forschungsbereich auf, so etwa die Zeitschrift für Frauengesundheit *clio*, die Zeitschrift für sozialistische Betriebs- und Gewerkschaftsarbeit *express* oder das rechtspolitische Magazin *Forum Recht*.
- **Meinungsorgane**, die meistens politisch links(-radikal) ausgerichtet waren und eine tendenziell kurze Lebensdauer hatten, z. B. *analyse und kritik*, die *Sozialistische Zeitung SoZ*, das *Blättchen* oder *Ossietzky*.
- **Verbandsorgane** und **Parteiorgane.**
- **Wissenschaftstitel**, die selbstorganisiert vertrieben wurden oder in linken und auch etablierten Verlagen erschienen. Ihre Kontinuität reicht bis zu den „1968ern" zurück, einzelne Titel haben ihren Ursprung auch in der DDR, z. B. *Das Argument, Forum Wissenschaft, Jahrbuch Arbeiterbewegung, Kritische Justiz, Vorgänge*.

Eine besondere Rolle unter den Alternativmedien der BRD nahmen die „Stattzeitungen" ein. Es handelte sich dabei um lokale Stadtzeitungen bzw. -magazine, deren Selbstbezeichnung aus dem Wort „anstatt" resultierte. Obwohl in den 1970er-Jahren so gut wie jede größere Stadt über eine etablierte Tagespresse verfügte, schenkte diese dem alternativen Milieu ihres Orts meist keine Aufmerksamkeit. In Reaktion darauf entstanden die sogenannten Stattzeitungen, die im Straßenverkauf oder in Kneipen der Alternativszene verbreitet wurden. Sie informierten etwa über kulturelle Ereignisse, Arbeitskreise und sonstige kreative Events, meist in Form eines prominent platzierten

Veranstaltungskalenders. Die Redaktionen bestanden überwiegend aus Vertreter:innen von Bürgerinitiativen oder Graswurzelbewegungen. So wurde 1971 der *Hobo* in Berlin, 1973 das *Blatt* in München und 1978 *De Schnüss* in Bonn gegründet, um nur einige Beispiele zu nennen.

Gehen wir auf ein Medium näher ein, um die gesellschaftspolitische Bedeutung damaliger lokaler Stadtzeitungen zu veranschaulichen: Im Jahr 1980 wurde im schwäbischen Nürtingen die *Nürtinger STATTzeitung* gegründet. Ein wesentlicher Grund war auch hier, dass die traditionelle *Nürtinger Zeitung* alternativen Themen und Gruppen kaum Beachtung schenkte. Außerdem fehlte eine kritische Berichterstattung über die Stadtverwaltung, wohingegen linke bzw. alternative Positionen oft spöttisch kommentiert wurden. Die Initiator:innen der *STATTzeitung* verwiesen in einem Aufruf vom April 1980 auf die politisch schlechte Lage vor Ort, die ein neues Zeitungsprojekt erforderlich mache. Der Zweck des Mediums bestehe u. a. in der „Verbreitung kritischer Positionen (…) zum Aufbau von Aktionseinheiten auf kommunaler Ebene". In der ersten Ausgabe definierte sich die Alternativzeitung als „oppositionelles Blatt gegenüber der herrschenden Politik und Meinung", die Titelseite zeigte ein besetztes Haus in Nürtingen.

In den darauffolgenden Jahren organisierte das Redaktionsteam regelmäßig Events und Kundgebungen mit, u. a. gegen die *Nationaldemokratische Partei Deutschlands* (NPD) oder das Apartheitsregime in Südafrika. Die *Nürtinger STATTzeitung* waren damit selbst aktive Gestalterin der alternativen Lokalszene und deren Aktionen. Dies spiegelte sich auch in den von ihr behandelten Themen wider, die von Hausbesetzungen über Sozialberatung bis hin zu Friedensdemos reichten. Einen wesentlichen Anteil dürfte das Medium an der Mobilisierung gegen die Baupläne eines Atom-Bunkers in Nürtingen gehabt haben: Die *STATTzeitung* berichtete ab 1984 ausführlich über die Gefahren solcher

Atom-Bunker und organisierte dazu mehrere Veranstaltungen. Im März 1986 wurde der geplante Bunkerbau mit Bürgerentscheid mehrheitlich abgelehnt (s. Abb. 3.2).

Da die gesamte redaktionelle Arbeit ehrenamtlich erfolgte, fielen zunächst keine größeren Personalkosten an. Über einen

**Abb. 3.2** Titelseite der Nürtinger STATTzeitung, Nr. 63, März 1986
© Verein der Stattzeitung für Nürtingen e.V

langen Zeitraum wurde das Medium hauptsächlich über Spenden, Verkaufserlöse und vereinzelte Werbeeinnahmen getragen. Im Oktober 1993 aber musste die *STATTzeitung* ihren redaktionellen Betrieb einstellen. Elf Jahre später beschlossen zwei ehemalige Redakteur:innen, sie digital „wiederzubeleben". Im Februar 2020 wurde auch die Onlineausgabe endgültig eingestellt.

Das Ende der *Nürtinger STATTzeitung* 1993 steht exemplarisch für die damalige Situation der (west-)deutschen Alternativpresse. Obwohl bis dahin ein breites Spektrum an Alternativen Zeitungen in der BRD entstanden war, konnte man gerade bei den „Stattzeitungen" schon ab den frühen 80er-Jahren einen Rückgang beobachten. Eine Rolle dürfte dabei auch der Aufschwung kommerzieller Stadtmagazine gespielt haben. Im Vergleich zu den „Stattzeitungen" setzten jene Magazine auf eine professionellere Aufmachung (mehr Bildmaterial, Hochglanzpapier etc.) mit einem stärkeren Fokus auf das Society- und Popmusikmilieu. Beispiele hierfür waren *Tip* und *Zitty* aus Berlin oder *Ketchup* aus Heidelberg. Eine Untersuchung aus dem Jahr 2006 gelangte schließlich zum Ergebnis, dass Alternative Stadtzeitungen in Deutschland weitgehend ausgestorben seien.

Im Rückblick ist der Rückgang der „ersten Generation" Alternativer Medien wohl auf mehrere Faktoren zurückführen. Eine gewichtige Rolle spielte die Selbstauflösung linker Bewegungen, die entweder in kleine Untergruppen zersplitterten oder deren Anliegen zusehends Teil des Mainstreams geworden waren. Spätestens mit dem Aufkommen des Internets stellten viele Alternative Zeitungen den Betrieb endgültig ein oder verlagerten ihren Auftritt ins Netz. Andere Zeitungstitel, die nach wie vor erscheinen, werden inzwischen nicht mehr als „alternativ" angesehen. Neben den von ihnen behandelten Themen betrifft das vor allem ihre

Organisationsstrukturen, die im Laufe der Jahrzehnte professionalisiert wurden.

Ein prominentes Beispiel hierfür ist die bereits erwähnte *taz*. Die Berliner Tageszeitung wurde 1978 nach einem Kongress an der TU in West-Berlin gegründet, an dem zahlreiche Vertreter:innen der „68er-Bewegung" teilnahmen. Als selbstverwaltetes Zeitungsprojekt wollte die *taz* eine linke Alternative zur bürgerlich orientierten Presselandschaft sein – ihre Zielgruppe waren Studierende, politisch Linke und später auch die Hausbesetzer:innenbewegung. Mittlerweile ist die *taz* als Verlagsgenossenschaft organisiert und als linke Tageszeitung über das alternative Milieu hinaus weitgehend anerkannt. Ein österreichisches Beispiel ist die Wochenzeitung *FALTER*, die 1976 aus einer Bewegung rund um die Besetzung des Wiener Schlachthofs St. Marx hervorging. Das Medium bestand ursprünglich aus einem Kollektiv von Künstler:innen und Studierenden der Universität Wien. Heute verfügt der *FALTER* über viele renommierte Journalist:innen und gilt als führendes Investigativmedium Österreichs (Abb. 3.3).

Im Ergebnis kennzeichnet sich die „erste Generation" Alternativer Medien in der BRD durch eine vielfältige Presselandschaft, was der Vielfalt damaliger sozialer Bewegungen entsprach. Dennoch waren die zahlreichen Publikationen überwiegend politisch links orientiert, ihre Themen kreisten um NS-Aufarbeitung, Imperialismus, Emanzipation und/oder Ökologie. Die Alternativen Zeitungen trugen somit zu einem Zeitgeist bei, der die politische und gesellschaftliche Entwicklung der BRD entscheidend prägte – man denke beispielsweise an die Parteigründung der *Grünen* im Jahr 1980. Eine Gemeinsamkeit früher Alternativzeitungen können wir auch bei der Belegschaft erkennen: In der Regel bestand sie aus „Überzeugungstätern", die nur selten eine journalistische Ausbildung hatten, jedoch viel Leidenschaft und Freizeit in die redaktionelle Arbeit steckten.

## 3 Historischer Überblick 31

**Abb. 3.3** Erster Entwurf für Unterstützer:innen, wie die taz aussehen könnte („Spielnummer"), gezeichnet von Ute Scheub am 7. Juni 1978

Um das Phänomen deutscher Alternativzeitungen im 20. Jahrhundert umfassend abzubilden, sollten wir auch noch kurz auf die DDR eingehen: Hier gab es vor allem Zeitungstitel im Einflussbereich der Kirchen, die als Alternative zur von der *Sozialistischen Einheitspartei Deutschlands* (SED) kontrollierten Presse agierten. Wenig überraschend waren jene Blätter immer wieder Zensurmaßnahmen durch das Presseamt der DDR-Regierung unterworfen, sofern die darin behandelten Themen nicht zur offiziellen Staatsideologie passten. Die Zeitungen wurden oft mit einfachen Mitteln und in geringer Auflage hergestellt (300 bis maximal 4000 Stück), zudem waren die darin enthaltenen Berichte oft anonym verfasst. Beispiele hierfür, speziell in den letzten Jahren der DDR, waren die *Arche Nova, Lausitzbotin* oder die *Umweltblätter.* Sie kursierten im Umfeld von Umwelt-, Friedens- und Oppositionsgruppen, weshalb ihre Themen teilweise mit den Alternativzeitungen in der BRD vergleichbar sind.

Die ehemaligen Publikationsorgane der SED sind für die spätere Alternative Presselandschaft in Deutschland ebenfalls relevant. Als Beispiel ist die *Junge Welt* anzuführen, die bis 1990 als Organ des Zentralrats der *Freien Deutschen Jugend* (FDJ) fungierte. Nach dem Mauerfall wurde die *Junge Welt* zu einer überregionalen marxistischen Tageszeitung, die sich als Teil einer linken Gegenöffentlichkeit versteht und heute vom deutschen Verfassungsschutz beobachtet wird. Eine besondere Rolle spielten auch die „Betriebszeitungen" der DDR, deren Anzahl im Jahr 1988 noch bei 667 Titeln lag. Viele Redakteur:innen jener „Betriebszeitungen" standen nach der Wende ohne Job da, ehe sie von der (aus der SED hervorgegangenen) *Partei des Demokratischen Sozialismus* (PDS) für deren Kreis- und Ortszeitungen rekrutiert wurden. Die damaligen PDS-Parteimedien können wir ebenso im Kontext von Alternativen Medien diskutieren.

## Zweite Generation: Freie Radios

Ab den 1980er-Jahren beschränkt sich der Begriff „Alternativmedien" nicht mehr nur auf Printerzeugnisse. Zu dieser Zeit entstanden nämlich mehrere neue Radiosender, die wir heute als „zweite Generation" Alternativer Medien bezeichnen können. Werfen wir dazu vorab einen Blick auf die Rundfunkgeschichte der BRD: Nach dem Zweiten Weltkrieg gestalteten die alliierten Besatzungsmächte in den nicht zerstörten Sendern bzw. Studios ihr eigenes Radioprogramm, was durchaus mit Erfolg verbunden war. In Westdeutschland etablierte sich etwa der von der britischen Besatzungsmacht kontrollierte *NWDR*. Schon recht bald befürworteten die Alliierten die Idee eines neuen deutschen Rundfunks. Dieser sollte einerseits aus Gebühren finanziert und anderseits von einem Verwaltungsrat mit Vertreter:innen aus der gesamten Gesellschaft kontrolliert werden. Ende 1948 wurden die Landesrundfunkanstalten gegründet, 1950 die *ARD*.

Im Ausland konnte man schon ab den 1960er-Jahren eine Gegenkultur zu den Monopolen im Rundfunkbereich beobachten. Speziell in Großbritannien kam es zur Gründung mehrerer „Piratensender", die ohne eine Lizenz vorhandene Sendefrequenzen (zeitweise) beanspruchten. In der BRD kamen derartige Piratensender vermehrt in den frühen 1980er-Jahren auf, so etwa *Radio Wahnsinn*, *Unfreies Westberlin* oder *Radio Hafenstraße*. Jene Medien waren damals noch illegal und die meisten daher nur von kurzer Lebensdauer, wobei einzelne trotz des juristischen Verbots weiter existieren konnten. Hier ist vor allem das *Radio Dreyeckland* aus Freiburg zu erwähnen, das aus der Anti-AKW-Bewegung in Südbaden hervorging.

*Radio Dreyeckland* sendete bereits ab 1977 im „Dreiländereck" Deutschland-Schweiz-Frankreich und wurde somit vorerst von gleich drei Staaten verfolgt. Eine Zäsur stellte der „Radiofrühling" im Jahr 1985 dar, als der Sender ohne Lizenz fünf Tage lang ein umfangreiches Programm aus Freiburg ausstrahlte. In der Folge kam es zu einem gewaltsamen Polizeieinsatz, bei dem der Sendebetrieb gestoppt und einzelne Mitarbeitende festgenommen wurden. Am Tag nach der Razzia demonstrierten rund 3000 Menschen in Freiburg für eine

**Abb. 3.4** Demo beim Radiofrühling 1985 (© Radio Dreyeckland)

Legalisierung des Senders, was langfristig von Erfolg war: Ende der 1980er-Jahre erhielt *Radio Dreyeckland* eine offizielle Lizenz. Heute ist es der älteste noch existierende Freie Radiosender Deutschlands (s. Abb. 3.4).

Theoretisch konnten private Radiosender in der BRD bereits ab 1984 legal betrieben werden, nachdem die Regierung Kohl das staatliche Rundfunkmonopol abgeschafft hatte. Dennoch machten es die neu eingerichteten Landesmedienanstalten als oberste Behörden den Freien Sendern weiterhin schwer, eine Lizenz zu erhalten, nicht zuletzt wegen konträrer Interessen in den Entscheidungsgremien. Als etwa *Radio Z* in Bayern im Jahr 1987 um Sendegenehmigung ansuchte, wurde diese vom zuständigen Medienrat nur mit knapper Mehrheit gewährt. Grund hierfür dürfte eine geplante wöchentliche Sendung für schwule Männer im Programm von *Radio Z* gewesen sein, was damals im CSU-geführten Bayern noch als Provokation galt. Nach vier Monaten setzte die bayrische Landesmedienanstalt den Freien Radiosender wieder komplett ab, ehe dieser 1988 einen Sieg beim bayrischen Verfassungsgericht erzielte und seinen Sendebetrieb erneut aufnehmen konnte.

Wir sehen also: Die „zweite Generation" Alternativer Medien hatte es gerade zu Beginn schwer und war immer wieder staatlichen Repressionen unterworfen. Noch bis ins 21. Jahrhundert wurden Freie Radios gesetzlich benachteiligt, auch was finanzielle Förderungen oder die Gleichstellung mit kommerziellen Privatanbieter:innen betrifft. Zudem bekamen die Freien Radios ab den 2000er-Jahren vermehrt Konkurrenz durch „Offene Kanäle", die von Bürger:innen gestaltet und zum Teil aus Rundfunkgebühren finanziert wurden. Für die Kommunikationsforschung sind alternative Radiosender auch deshalb interessant, weil sie mit interaktiven Formaten experimentierten, die erst später von etablierten Medien übernommen wurden. Man denke etwa an den italienischen linksalternativen Sender *Radio Alice*, der im Jahr 1976 seinen Hörer:innen die Möglichkeit gewährte, während Sendungen live anzurufen und damit das Programm aktiv mitzugestalten. Eine Praxis, die in den 1970er-Jahren noch als Innovation galt, heute aber in so gut wie jedem (kommerziellen) Radiosender Usus ist.

Auch in Österreich kam es gegen Ende der 1980er-Jahre zu vermehrten Aktivitäten von Piratensendern, die vor allem über Studierendenstreiks oder Demonstrationen in Österreich berichteten. Hier war es Freien Radios außerdem erst ab Mitte der 90er-Jahre möglich, eine Lizenz auf legalem Weg zu erhalten; in der Folge entstanden Sender wie *Orange 94.0* oder *Radiofabrik*. Heute sind die Freien Radios untereinander gut vernetzt und gemeinsam in Dachverbänden organisiert, in Deutschland im „Bundesverband Freier Radios" (*BFR*) und in Österreich im „Verband Freier Rundfunk Österreich" (*VFRÖ*). Einzelne Beiträge werden oft von mehreren freien Sendern ausgestrahlt und mittlerweile auch untereinander ausgezeichnet: Seit 2000 gibt es den von *Radio Z* initiierten „Alternativen Medienpreis", der im deutschsprachigen Raum zur Vernetzung alternativer Medienprojekte beigetragen hat. Eine wachsende Akzeptanz sehen wir auch bei der Europäischen Union (EU), die den „Community-Radios" ab 2008 durch Resolutionen ausdrücklich Relevanz für eine pluralistische Medienlandschaft zuerkannte.

## Dritte Generation: Alternative Onlinemedien

Es dürfte kaum jemanden überraschen, dass sich auch die Alternative Medienlandschaft seit der Digitalisierung in einem großen Umbruch befindet. Während die Bedeutung Alternativer Medien Ende des 20. Jahrhunderts zumindest in der öffentlichen Wahrnehmung kontinuierlich sank, scheint der Begriff heute wieder präsenter denn je. Im ersten Kapitel haben wir bereits auf die wichtige Rolle der sozialen Medien hingewiesen, die Alternativen Medienangeboten ein weitaus größeres Publikum als in den Jahrzehnten zuvor ermöglichen. Allerdings beginnt die Geschichte der „dritten Generation" Alternativer Medien schon lange vor dem Aufstieg von Social Media, und zwar in den späten 1980er-Jahren.

In Deutschland finden wir erste Formen Alternativer Onlinemedien im Bereich von Mailboxnetzwerken, die erstmalig den elektronischen Austausch von Dateien, Nachrichten und Diskussionen ermöglichten. Als dezentrale Onlineforen stellten sie lange vor der Verbreitung des Internets eine wesentliche Infrastruktur zur Vernetzung sozialer Bewegungen dar. Interessanterweise waren es Pioniere aus dem Alternativen Zeitungswesen, die schon früh die Chancen von Mailbox-Systemen als neue Kommunikationsform erkannten; hinzu kamen Vertreter:innen von Bürgerinitiativen und der Hackerszene. 1991 entstand aus diversen Vorläufern das dezentral organisierte *Computernetzwerk Linksysteme* (*CL-Netz*), in dem auch Alternative Stadtzeitungen und Community-Medien ihre Inhalte austauschten. Das *CL-Netz* war Partner der internationalen „Association for progressive communications" (*APC*), zu dem auch das russische *GlasNet*, das britische *GreenNet* oder das ehemals jugoslawische *ZaMir*-Netz gehörten; in dem Zusammenhang entstand der Begriff „Cross-Media-Vernetzung". Die Mailboxsysteme können als eine Art Vorläufer sozialer Netzwerke und als erste digitale Alternative zur Kommunikation klassischer Medien betrachtet werden.

Ende der 1990er-Jahre wurde es einzelnen Bürger:innen und kleinen Gruppen möglich, ohne spezielle Programmierkenntnisse eigene Websites bzw. Online-Beiträge zu veröffentlichen. Ein beliebtes Mittel waren sogenannte Blogs, die meistens aus der Ich-Perspektive geschrieben wurden und zunächst kaum an professionelle Nachrichtenseiten erinnerten. Ab dieser Zeit gewährten immer mehr etablierte Medien auf ihren Onlineseiten die Möglichkeit von *User-Generated-Content*. Beispiele hierfür waren das Leser:innenforum im Wiener *Standard*, „Leserartikel" in der Hamburger *Zeit* oder die Einführung von „Leserreportern", die für eigens erstelltes Bildmaterial Geld erhielten (v. a. in den Boulevardmedien). Die Zunahme von User-Generated-Content in etablierten Medien führte in der Kommunikationsforschung der 2000er-Jahre zu einer Debatte über jene alternativen Darstellungsformen.

Erst in den frühen 2010er-Jahren beanspruchten rechte Player im digitalen Raum den Begriff „Alternativmedium" zunehmend für sich. Anzumerken ist, dass es schon vor dem Internet rechte bis rechtsextreme Akteur:innen gegeben hatte, die innovative Konzepte oder Formate Alternativer Medien übernehmen wollten. Als etwa Schülerzeitungen in den 1970er-Jahren besonders populär waren, wurden vor Bildungsstätten auch rechtsextreme Blätter ähnlichen Typs verteilt. Hinzu kamen Publikationen aus dem deutschnationalen Burschenschaften-Milieu, so etwa das österreichische Monatsmagazin *Die Aula*. Und in der Anfangszeit des Internets versuchte das rechtsextreme *Thule-Netz* damalige populäre Mailboxnetze wie das oben erwähnte *CL-Netz* zu imitieren. Der entscheidende Aufstieg rechter Alternativmedien setzte jedoch erst mit den Möglichkeiten ein, auch als Laie relativ problemlos eine nachrichtenähnliche Seite im Internet zu gestalten.

Ein frühes Beispiel für ein rechtsalternatives Onlinemedium war der islamfeindliche Blog *Politically Incorrect* (*PI-News*), den ein deutscher Sportlehrer 2004 gegründet hatte und der heute laut dem Bundesamt für Verfassungsschutz als „erwiesen extremistisch" gilt. Ein weiteres Beispiel ist die 2009 gegründete FPÖ-nahe Seite *Unzensuriert*, die in ihrem heutigen Impressum als eines der „erfolgreichsten alternativen Medienprojekte" auftritt. Eine entscheidende Zäsur stellte das Jahr 2015 dar: Zum einen gelang es damals einzelnen rechtsalternativen Medien, ihre Leser:innenschaft erheblich zu vergrößern. So stieg etwa die Auflage der *Jungen Freiheit* im Zuge der „Flüchtlingskrise" um rund 16 %, Ende 2016 verkaufte die deutsche Monatszeitschrift gut 28.000 Exemplare. Zum anderen entstanden zu dieser Zeit auch neue rechtsalternative Medien mit verstärkter Onlinepräsenz, wie man vor allem in Österreich im Umfeld der FPÖ beobachten konnte (*Info-DIREKT*, *alles roger?*, *Wochenblick*). Wie schon mehrfach angemerkt, spielte hier auch die Popularität der sozialen Medien eine wesentliche Rolle.

Obwohl sich der damalige Anstieg parteiischer Onlinemedien nicht auf das rechte Spektrum beschränkte, waren jene Alternativmedien im Vergleich zu denen anderer politischer Lager deutlich erfolgreicher. Beispielsweise zeigte eine 2015 vorgenommene Untersuchung des Medienblogs *10000flies.de*, dass unter den Top 50 der „Social-Media-News-Charts" gleich sieben rechtsalternative Medien vertreten waren, darunter die *Junge Freiheit, Epoch Times* und *RT Deutsch* (zwischen Rang 17 und 50). Linksalternative Angebote waren in dieser Tabelle hingegen nicht vertreten, lediglich mit einer Ausnahme (hier: *Mimikama*, eine Plattform gegen Desinformation). Seither ist im rechten Spektrum ein enorm großes publizistisches Umfeld gewachsen, das über Ländergrenzen hinweg vernetzt ist und im digitalen Raum durchaus koordiniert vorgeht. Dazu gehören vermeintliche Nachrichtenseiten, aber auch Blogs, Verlage und reichweitenstarke Social-Media-Accounts. Die heutige Vernetzung rechtsalternativer Medien wird uns in diesem Buch nochmals beschäftigen (siehe dazu Kap. 6).

Was zeigt uns der Blick auf die Geschichte? Einerseits war die Gründung von Alternativen Medien meist mit (neuen) technischen Möglichkeiten verbunden – sei es durch die Nutzung von Radiofrequenzen, Mailboxsystemen oder Social Media. Andererseits lassen sich Alternativmedien eben auch als Reaktion auf politische Entwicklungen oder gesellschaftliche Umbrüche deuten. Ob Studierendenrevolte, Anti-AKW-Bewegung oder „Flüchtlingskrise" – im Zuge jener Ereignisse entstanden immer auch neue Medien, die als Alternative zur Berichterstattung der Leitmedien auftraten. Das Kapitel macht außerdem deutlich, dass Alternativmedien einen gewissen Bedeutungswandel erfahren haben: Im 20. Jahrhundert waren sie eng mit damaligen sozialen Bewegungen verbunden und daher überwiegend im politisch linken Spektrum angesiedelt. In der jüngeren Vergangenheit hingegen werden „alternative Medien" verstärkt mit der politischen Rechten assoziiert. Dennoch ist ihr Ziel im Laufe der Jahrzehnte im Wesentlichen dasselbe geblieben – um dieses Ziel geht es im nächsten Kapitel.

# 4
# Aufbau von Gegenöffentlichkeiten

**Zusammenfassung** Alternative Medien dienen dem Aufbau von *Gegenöffentlichkeiten* zur herrschenden Medienlandschaft. In der Kommunikationsforschung hat sich ein Konzept etabliert, das Gegenöffentlichkeiten zum sogenannten Mainstream auf drei Ebenen begreift (Mikro-, Meso- und Makroebene). Das vorliegende Kapitel untersucht diese Ebenen und beleuchtet aktuelle Strategien, Methoden und Motivationen Alternativer Medien.

„Es scheint uns wichtiger als je zuvor, Tabuthemen aufzugreifen und Informationen zu vermitteln, die dem subtilen Diktat der politischen Korrektheit widersprechen" (*PI-News*); „Wir bringen Themen aufs Tapet, die in anderen Medien nicht zur Sprache kommen, und machen Bewegungen sichtbar, die für eine antirassistische, feministische, ökologische und soziale Wende kämpfen" (*Mosaik*); „Gemeinsam sind wir eine Rebellion gegen die Medienkonzerne, für die Medienvielfalt" (*Republik*). Diese Zitate entstammen den Selbstbeschreibungen einzelner Nachrichtenseiten, die heute im Kontext von Alternativmedien analysiert werden. Zwar liegen die genannten Medien ideologisch weit auseinander und sie unterscheiden sich auch in qualitativer Hinsicht stark voneinander. Alle Zitate haben jedoch etwas gemein: die Abgrenzung von der medial herrschenden Öffentlichkeit.

Wie wir im vorherigen Kapitel sehen konnten, sind mit dem Begriff „Alternativmedium" aus medienhistorischer Perspektive ganz unterschiedliche Publikationen und Formate verbunden. Es benötigt daher ein entscheidendes Kriterium, das jedes Alternatives Medium erfüllen muss, um als solches anerkannt zu werden. Die Kommunikationsforschung konzentrierte sich lange Zeit auf das progressive oder emanzipatorische Potenzial von Alternativmedien, weshalb deren Beurteilung bis 2010 durchaus optimistisch ausfiel. Was aber ihre Erkennungsmerkmale betrifft, gab es schon damals unterschiedliche Ansätze – es erscheint sinnvoll, auf einzelne hier kurz einzugehen.

Frühe Definitionen rückten vor allem die Organisationsstruktur Alternativer Medien ins Zentrum, die anti-hierarchisch und partizipativ sei. Wegen ihrer engen Beziehung zu sozialen Bewegungen komme ihnen außerdem eine mobilisierende Kraft für den sozialen Wandel zu (*Radical Media*). Andere bezogen sich stärker auf ihre Abgrenzung zum kapitalistischen Mediensystem, die auch auf inhaltlicher Ebene ausgedrückt werde (*Critical Media*). Ein weiteres Kriterium Alternativer Medien sah man in der Ermächtigung der „Community"; entscheidend sei demnach die Herstellung solcher Medien durch nicht-professionelle Akteur:innen (*Community & Citizen Media*). In der früheren Kommunikationswissenschaft führten also Merkmale wie Partizipation, Herrschaftskritik oder fehlende hierarchische Strukturen dazu, ein Medienprojekt als „alternativ" zu definieren.

Jüngere Studien kritisieren diese Ansätze, weil sie das (links-)progressive Potenzial zu sehr in den Mittelpunkt stellen würden. Diese Kritik hängt mit dem Aufstieg rechtsgerichteter Alternativmedien ab den 2010er-Jahren zusammen, die vermehrt mit dem Vorwurf von Desinformation und Propaganda konfrontiert waren. Folglich ist die Kommunikationsforschung dazu übergegangen, die Herstellung einer „Gegenöffentlichkeit" als das entscheidende Kriterium anzusehen. Dieser Begriff entstand in den 1970er-Jahren und wurde schon damals von alternativen Zeitungen und Freien Radiosendern für sich beansprucht. Dabei können wir mehrere Ebenen beobachten, auf denen einem Alternativen Medium der Aufbau einer Gegenöffentlichkeit gelingen kann.

## Was bedeutet Öffentlichkeit?

Unter „Öffentlichkeit" verstehen wir den Bereich, in dem Menschen zusammenkommen und Themen frei debattieren bzw. Informationen austauschen. Im antiken Griechenland war es beispielsweise der Marktplatz, die *agora*, auf dem sich freie Bürger versammelten und damit erstmalig Öffentlichkeit im demokratiepolitischen Sinn bildeten. Heute gelten unabhängige Medien als wichtige Vermittler:innen von Öffentlichkeit, indem sie gesellschaftliche Prozesse einem breiten Publikum zugänglich machen. Der deutsche Philosoph und Soziologe Jürgen Habermas schärfte den Begriff in seinem 1962 erschienenen Standardwerk „Strukturwandel der Öffentlichkeit" weiter.

Habermas sah den Idealtypus einer bürgerlichen Öffentlichkeit im späten 18. Jahrhundert verwirklicht, und zwar in Form freiwilliger Zusammenkünfte von Privatpersonen. Er bezog sich dabei insbesondere auf die Kaffeehäuser, auf literarische Salons und Tischgesellschaften, wo ein herrschaftsfreier

Diskurs auf Augenhöhe stattgefunden habe. Kennzeichnend sei eine politische Diskussion über Themen gewesen, die bis dahin bestimmten Autoritäten (Staat, Kirche) vorbehalten waren. Zudem habe die Diskussion unter autonomen Bürger:innen stattgefunden, deren Teilnahme nicht mehr von Eigenschaften wie Bildung oder Status abhängig gewesen sei. Es handelt sich freilich um eine außergewöhnlich romantische Sicht auf das späte 18. Jahrhundert, die Hindernisse wie Geschlecht oder Standesgrenzen negierte, was später auch von Historiker:innen kritisiert wurde.

Trotz dieser berechtigten Einwände ist Habermas' Werk für uns interessant, weil er in der kommerziellen Massenpresse im 20. Jahrhundert einen „Zerfall" der von ihm idealisierten bürgerlichen Öffentlichkeit sah. Für Habermas dominierten in den Massenmedien nun zunehmend Unterhaltung, Werbung und private Interessen, womit das „räsonierende Publikum" zum „konsumierenden Publikum" werde. Anzumerken ist, dass Habermas' Kritik in die Regierungszeit Konrad Adenauers fiel, in der ein Großteil der westdeutschen Medienlandschaft tatsächlich unkritisch bis regierungsnah war. Wenn wir an das dritte Kapitel zurückdenken, kritisierten viele Alternative Zeitungen der BRD, dass bestimmte Themen in der medialen Öffentlichkeit nicht oder bloß interessengeleitet behandelt würden. Das damalige Anliegen Alternativer Medien steht also durchaus in Einklang mit der von Habermas postulierten Medienkritik.

Wenig überraschend hat die Digitalisierung den Begriff „Öffentlichkeit" ein weiteres Mal fundamental verändert. Im 20. Jahrhundert besaßen traditionelle Medien wie Zeitungen, Radio oder Fernsehen noch eine zentrale Funktion bei der Herstellung von Öffentlichkeit. Als Gatekeeper entschieden sie, welche gesellschaftlichen Themen und Diskussionen einen Nachrichtenwert besitzen, und bereiteten diese anschließend für ihr Publikum auf. Mit dem Aufkommen des Internets wurde es hingegen jeder einzelnen Person möglich, öffentlichkeitsrelevante Inhalte zu verbreiten, ohne dabei auf die Deutungshoheit eines klassischen Mediums angewiesen zu sein. Soziale Plattformen wie *Facebook*, *Twitter* oder *YouTube* haben diese Entwicklung zusätzlich befeuert, nicht zuletzt aufgrund ihrer geringen Zugangsbarrieren und vergleichsweise leichten Bedienbarkeit. Heutzutage gibt es im Netz zahlreiche User:innen, die via Blog, Podcast oder Reels nachrichtenähnlichen Content produzieren und dabei nicht selten mehr Reichweite erhalten als ein etabliertes Medium. Mit den neuen Möglichkeiten des Internets ging bekanntlich auch ein Anstieg an Alternativen Medien einher.

In der heutigen Kommunikationsforschung ist daher oft von einem *digitalen Strukturwandel der Öffentlichkeit* die Rede. Dieser Strukturwandel erfasst nicht nur den Deutungsverlust klassischer Medien. Weitere Folgen sind etwa veränderte Kommunikationslogiken oder die Machtverschiebungen hin zu globalen Tech-Konzernen, die mit der Digitalisierung verbunden waren. Die Dominanz sozialer Medien hat auch dazu geführt, dass jene Plattformen bzw. ihre Algorithmen als neue Gatekeeper bei der Verbreitung von Nachrichten gesehen werden. Beispielsweise ergab eine 2023 veröffentlichte Studie, dass rund 62 % der österreichischen Jugendlichen sich zum tagesaktuellen Geschehen über soziale Plattformen informieren. In dem Zusammenhang wurden auch neue Begriffe wie „Netzwerk-" oder „Plattformöffentlichkeiten" etabliert.

Der digitale Strukturwandel macht es mitunter für Alternativmedien leichter, ein größeres Publikum als noch im 20. Jahrhundert zu erreichen. Unter einem Hashtag kann etwa ein hetzerischer Beitrag eines rechtsextremen Blogs direkt neben dem seriösen Bericht eines Qualitätsmediums aufscheinen. Wegen der einheitlichen Aufmachung von Social-Media-Accounts ist es für User:innen auch schwieriger, zwischen einem etablierten und einem Alternativen Medium zu unterscheiden. Und die wenig transparenten Algorithmen sozialer Plattformen machen uns oft auf Medienangebote aufmerksam, von deren Existenz wir ansonsten wohl nie etwas mitbekommen hätten. Das Internet befördert eine sogenannte *Longtail*-Öffentlichkeit, in der neben den großen Massenmedien auch zahlreiche Alternative Medienangebote und Laien kommunizieren. An diesem „langen Schweif" treten pseudojournalistische Akteur:innen somit in potenzielle Konkurrenz zum professionellen Journalismus.

Der Longtail an (vermeintlich) journalistischen Anbieter:innen birgt sowohl ein positives als auch negatives Potenzial. Einerseits ist das Angebot an Nachrichteninhalten im digitalen Raum gestiegen, was durchaus zu mehr Medien- und Meinungspluralität führt. Anderseits besteht darin auch die Gefahr einer fragmentierten Öffentlichkeit, da etablierte Massenmedien als gemeinsame Informationsquelle verloren gehen. Besonders deutlich wurde das in der Corona-Pandemie: Viele Menschen, die den Schutzmaßnahmen skeptisch bis ablehnend gegenüberstanden, bezogen ihre Informationen vermehrt über soziale Kanäle wie *Telegram*. Häufig teilten die dortigen Nutzer:innen Beiträge Alternativer Medien, die in krassem Gegensatz zur Berichterstattung etablierter Medien standen, etwa was die Risiken der mRNA-Impfung betrifft. Immer wieder sprach man von einer medialen „Parallelrealität", in der Corona-Skeptiker:innen gefangen seien. Auf die Herausforderungen für die Demokratie durch Alternative Medien gehen wir am Ende des Buchs noch ein.

## Was sind Gegenöffentlichkeiten?

Ungeachtet des digitalen Longtails entstehen weiter regelmäßig sogenannte *hegemoniale Öffentlichkeiten*. Darin dominieren bestimmte Akteur:innen, Positionen oder Diskurse, die unsere Gesellschaft entscheidend beeinflussen. Nehmen wir

## 4 Aufbau von Gegenöffentlichkeiten

als Beispiel das heiß diskutierte Thema „Flüchtlingskrise": Im Zuge der großen Fluchtbewegungen aus Syrien entschied Angela Merkel im Sommer 2015, das „Dublin-Abkommen" zeitweise auszusetzen und somit die deutschen Grenzen nicht zu schließen. Ein Großteil der im Bundestag vertretenen Parteien unterstützte die humanitäre Haltung der Bundeskanzlerin, außerdem engagierten sich zahlreiche Freiwillige an den Bahnhöfen und in Fluchtunterkünften. Laut einer Studie der *Otto Brenner Stiftung* äußerten auch die etablierten Medien wenig Kritik: Große Teile der Journalist:innen hätten zwischen Februar 2015 und März 2016 die „Losungen der politischen Elite" unreflektiert übernommen, so der Befund.

In dieser Zeit konnten wir also einen dominierenden Diskurs beobachten, maßgeblich geprägt durch die deutsche Bundesregierung, traditionelle Leitmedien und die Zivilgesellschaft. Obwohl Merkels Entscheidung von Beginn an in der Öffentlichkeit intensiv diskutiert wurde, empfanden Kritiker:innen die in Deutschland vorherrschende Stimmung als undifferenzierte „Willkommenskultur". In einem solchen Moment entsteht das Potenzial für wirkungsvolle Gegenöffentlichkeiten. Dabei formieren sich oppositionelle Kräfte, so etwa Parteien, NGOs oder Protestgruppen, um die (vermeintlich) hegemoniale Öffentlichkeit zu durchbrechen. Zum Aufbau einer Gegenöffentlichkeit können sie auf unterschiedliche Mittel zurückgreifen – seien es Kundgebungen, Petitionen, neue Vereinigungen oder eben auch Alternative Medien.

Blicken wir dazu noch einmal auf die das Jahr 2015: Außerhalb des deutschen Bundestags kam es schnell zu Protesten gegen Merkels Ausspruch „Wir schaffen das!", etwa durch Straßenaufmärsche von „PEGIDA". Der politische Protest zeigte sich auch im wachsenden Zulauf zur AfD, die über ihre Kanäle eine sofortige Schließung der deutschen Grenzen forderte. Viele Alternative Medien griffen die Positionen der AfD auf und berichteten über Geflüchtete vorrangig in Zusammenhang mit Kriminalität und staatlichem Kontrollverlust. Ein zentrales Element war dabei die Kritik an den deutschen Leitmedien, die grobe Missstände bei der Migrationspolitik verschweigen würden (Stichwort „Lügenpresse"). Im Zuge der „Flüchtlingskrise" entstand somit eine Allianz aus Protestgruppen, politischen Akteur:innen und kleineren Medien, die wir als damalige Gegen- bzw. Teilöffentlichkeit zur „Willkommenskultur" ansehen können.

Kurzum: Eine Gegenöffentlichkeit entsteht dann, wenn sich bestimmte Leitbilder, Narrative oder Meinungen in der Gesellschaft scheinbar durchgesetzt haben. Gegenöffentlichkeiten sind somit immer abhängig von einem hegemonialen Diskurs, den es zu überwinden gilt, ehe sie selbst irgendwann Deutungsmacht erhalten können. Erinnern wir uns zurück an die „erste Generation" Alternativer Medien: Im 20. Jahrhundert waren das Zeitungen, die gesellschaftspolitische Anliegen wie Pazifismus, Frauenrechte und Umweltschutz aufgriffen. Während solche Themen damals noch als alternativ galten, haben sie in den vergangenen Jahrzehnten Einzug in den Mainstream erhalten. Hierzulande gibt es kaum noch Parteien und etablierte Medien, die ökologische Nachhaltigkeit oder die Gleichberechtigung der Geschlechter offen infrage stellen würden. Im Nachhinein könnte man bei vielen früheren Alternativmedien somit von einer erfolgreichen Gegenöffentlichkeit sprechen.

Der „Hegemonie"-Gedanke ist heute speziell bei rechtsalternativen Medien ein zentrales Motiv. Hierfür sollten wir noch kurz auf den italienischen marxistischen Philosophen und Schriftsteller Antonio Gramsci eingehen. In seinen „Gefängnisheften" (1929 bis 1935) befasste sich Gramsci mit der Geschichte Italiens und gelangte zur Annahme, dass die politische Macht des Proletariats nicht allein durch staatlichen Zwang abgesichert werde. Zuvor bräuchte es in der Zivilgesellschaft einen kulturellen Bewusstseinswandel, damit die Herrschaft der Arbeiter:innenbewegung von

## 4 Aufbau von Gegenöffentlichkeiten

einer breiten Mehrheit akzeptiert würde, so Gramsci. Kulturelle Hegemonie wird demnach nicht durch einen Staatsapparat, sondern im *vorpolitischen Raum* erzeugt, zu dem neben den Bildungs- und Wohlfahrtseinrichtungen auch die Massenmedien zählen.

In den 1970er-Jahren entdeckte die französische „Neue Rechte" Gramscis Ideen für sich und löste diese aus ihrem ursprünglich marxistischen Kontext. Erst Jahrzehnte später sollten rechtsextreme Akteur:innen mit dieser Strategie einer „Kulturrevolution von rechts" erfolgreicher sein, wie wir zunächst bei der *Identitären Bewegung* in den 2010er-Jahren beobachten konnten. Im digitalen Raum setzten Identitäre vermehrt auf Stilelemente der Popkultur, etwa durch Bildmaterial, Memes und modische Accessoires. Das Ziel dahinter: Den eigenen ideologischen Positionen und Begriffen (z. B. „Gender-Wahn", „Remigration") über das rechtsextreme Milieu hinaus Akzeptanz zu verschaffen. Viele rechtsalternative Medien sind heute Teil dieser metapolitischen Strategie, um in der Öffentlichkeit einen kulturellen Bewusstseinswandel herbeizuführen. Ein junges Beispiel dafür ist der von rechten Akteur:innen gepushte Hashtag „#Stolzmonat", der ein Gegennarrativ zum queeren *Pridemonth* darstellen sollte und auch von einschlägigen Alternativmedien aufgegriffen wurde.

Gegenöffentlichkeiten richten sich also nicht nur an bestimmte Akteur:innen oder Themen, sondern können auch dazu beitragen, gesellschaftliche Konventionen wie Alltagskultur, Sprache oder moralische Wertvorstellungen zu verändern. Besonders eindrücklich schilderte Julian Reichelt in einem Interview mit Roger Köppel die Rolle eines Alternativmediums zur Erzeugung kultureller Hegemonie. Reichelt ist geschäftsführender Redakteur bei dem 2023 gegründeten *NIUS*, das von vielen Kritiker:innen als rechtes „Krawallportal" eingestuft wird. Zur Motivation seines Mediums führte Reichelt aus, dass die Sprache in Deutschland

„komplett links ist, auch in rechten Medien". Als Beispiele nannte er Begriffe wie „Wärmewende" oder „Energiewende", die das Publikum mit linken Narrativen verbinde. Diese von links dominierte Sprache müsse man mit einer neuen Medienmarke „komplett über Bord werfen" und „einmal in die Luft jagen", so Reichelt.

## Abgrenzung von den Mainstream-Medien

Wann also taugt ein Medium zum Aufbau einer Gegenöffentlichkeit? Wie schon angemerkt, geht es in der Kommunikationsforschung vor allem um die Abgrenzung zu den Mainstream-Medien. Eine erste Voraussetzung hierfür ist das Selbstverständnis eines Mediums. Dazu gehört der Anspruch, vernachlässigte Themen aufzugreifen, aber auch die Macht der Medienkonzerne oder das „Diktat der politischen Korrektheit" zu bekämpfen. Derzeit gibt es zahlreiche Onlinemedien, die explizit als Opposition zur etablierten Berichterstattung auftreten. Die Abgrenzung kann schon im Titel sichtbar werden (z. B. *Journalistenwatch, Anti-Spiegel*) oder in einem Zusatz bzw. Untertitel, wie die folgenden Formulierungen zeigen: „Kritischer Journalismus. Ohne ‚Haltung'. Ohne Belehrung. Ohne Ideologie" (*Reitschuster*), „Für Selberdenker" (*eXXpress*), „Magazin für neue Sachlichkeit" (*CATO*). Ansonsten finden wir eine entsprechende Positionierung oft in den Leitsätzen oder im Impressum der Website.

Allein das Selbstverständnis ist aber noch kein Garant dafür, dass das Projekt tatsächlich signifikante Unterschiede zur etablierten Presselandschaft aufweist. Hier macht uns gerade die Digitalisierung eine strikte Abgrenzung von Mainstream- und Alternativmedien schwer: In ihrem Onlineauftritt gleichen sich die Medienangebote zunehmend an, indem sie heute meistens dieselben Kanäle bespielen (z. B. Social-

## 4 Aufbau von Gegenöffentlichkeiten

Media-Plattformen). Dabei können etablierte und Alternative Medien mit ihren Beiträgen auch eine ähnlich hohe Reichweite erzielen, wie die Interaktionsraten einzelner Formate zeigen. Auch die früheren Grenzen zwischen etablierten und Alternativen Medien verschwimmen tendenziell: Während etwa Alternative Zeitungen des 20. Jahrhunderts meistens laienhaft bzw. mit wenig Budget ausgestattet waren, trifft dieses Kriterium heute nicht mehr unbedingt zu.

Man denke etwa an das „liberal-konservative Meinungsmagazin" *Tichys Einblick*. Dieses Medium adressiert ein Publikum, das „die Nase voll hat vom bevormundenden Mainstream-Journalismus", „selber denkt" und „die Wahrheit verträgt". Damit präsentiert sich das Magazin gegenüber seiner Leser:innenschaft klar als ein Alternatives Medienangebot. Im Sinne eines Alternativmediums sind auch die Beiträge stark meinungsbetont bis polemisch und erinnern nur selten an objektive Berichterstattung. Allerdings schreiben für *Tichys Einblick* auch (ehemals) angesehene Journalist:innen, zudem tritt das Medium scheinbar professionell auf, einschließlich einer ansehnlichen Printausgabe. Ferner kann das Onlinemagazin *Republik* erwähnt werden, das in der Schweiz als sehr renommiert gilt, sich selbst jedoch unter dem linksalternativen Schlagwort „Rebellion gegen die Medienkonzerne" positioniert.

Wir stehen heute also vermehrt vor Abgrenzungsschwierigkeiten, was die Unterscheidung von Mainstream- und Alternativen Medien betrifft. Am sinnvollsten ist es daher, wenn wir die „Alternativität" eines Mediums auf mehreren Ebenen begreifen, wie es die Medienwissenschafter:innen Kristoffer Holt, Tine Ustad Figenschou und Lena Frischlich getan haben. Ihre 2019 erschienene Studie gilt als derzeit wichtigster Beitrag zur Konzeptualisierung von Alternativmedien: Wegen der zahlreichen rechtsgerichteten Publikationen plädieren die Forschenden für ein „relationales" und nicht-ideologisches Verständnis. Alternativmedien

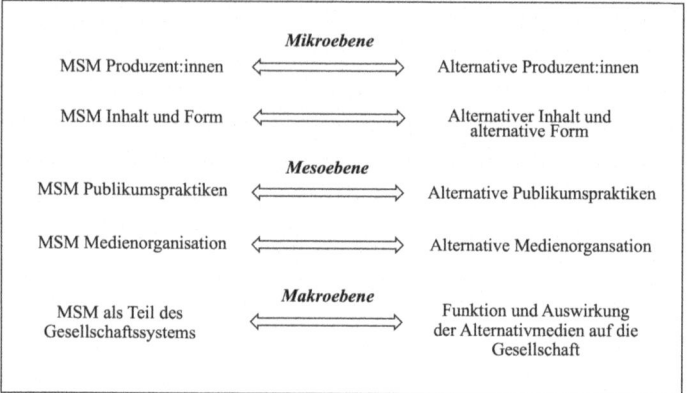

**Abb. 4.1** Darstellung nach Holt et al. (2019), zit. n. Kast 2024, S. 112 (MSM = Mainstream-Medien)

nehmen demnach eine Korrekturfunktion zu den Mainstream-Medien ein, die auf drei Ebenen sichtbar werden kann (*Mikro-, Meso-, Makroebene*). Kennzeichnend ist dabei nicht nur ihr Selbstverständnis, sondern auch ihre Wahrnehmung durch die Konkurrenz und das Publikum (Abb. 4.1).

Werfen wir zunächst einen Blick auf die **Mikroebene**: Hier geht es sowohl um die Inhalte als auch um die Produzent:innen von Nachrichten. In der Praxis stellen etablierte Medien hohe Anforderungen an ihre Belegschaft. Heute müssen Journalist:innen meistens über eine entsprechende Ausbildung verfügen, um für ein Medienunternehmen arbeiten zu dürfen, etwa ein Studium oder den Besuch einer Journalistenschule. In Deutschland ist außerdem ein- bis zweijähriges Redaktionsvolontariat üblich. Folglich kann die Alternativität eines Mediums dadurch zum Ausdruck kommen, dass die Produzierenden derartige Anforderungen nicht erfüllen. Zwar bezeichnen sich die Akteur:innen Alternativer Medien heute gerne als Journalist:innen, tatsächlich sind es aber – wie schon früher – oft politische Aktivist:innen und journalistische Laien. Sie

## 4 Aufbau von Gegenöffentlichkeiten

sehen sich als Gegengewicht zum Mainstream und wollen scheinbar marginalisierte Positionen oder Personen für die Öffentlichkeit sichtbar machen.

Auf der Mikroebene sind auch die Nachrichteninhalte und Darstellungsformen relevant. Traditionelle Medien haben in ihrer Arbeit gewisse berufsethische Standards und Genres etabliert, auch wenn sie diesen in der Realität nicht immer gerecht werden. Dazu zählen etwa das Objektivitätsgebot, der Persönlichkeitsschutz, die Trennung von Bericht und Kommentar oder die Kennzeichnung von PR-Inhalten. Derartige inhaltliche Standards finden wir bei Alternativen Medien in weit geringerem Ausmaß vor. Die meisten sind deutlich parteiisch ausgerichtet, sodass sie oft gegen das Objektivitäts- oder Trennungsgebot verstoßen. „Alternativität" kann also auch dann gegeben sein, wenn die Inhalte eines Mediums weniger einer seriösen Berichterstattung, sondern primär einem politischen Anliegen dienen. Diesen Ansatz finden wir bei Alternativen Zeitungen des 20. Jahrhunderts ebenso wie bei vielen rechtsalternativen Onlinemedien.

Die Abgrenzung zu den Mainstream-Medien kann sich auch auf der **Mesoebene** zeigen. Dabei geht es sowohl um die Organisation des Medienunternehmens als auch um Herstellung und Verbreitung von Nachrichten. Wie im dritten Kapitel beschrieben, waren Alternative Medien im 20. Jahrhundert oft durch flache Hierarchien bzw. offene Strukturen gekennzeichnet. Dies erlaubte es Leser:innen, zu den Inhalten einer Alternativen Zeitung unmittelbar beizutragen („Graswurzeljournalismus"). Mit der Digitalisierung haben Partizipationsmöglichkeiten aber auch in etablierten Medien Einzug erhalten (z. B. in Form von Leser:innenforen), sodass sie nicht mehr automatisch ein Kriterium von Alternativität bilden.

Eine weitere Abgrenzungsmöglichkeit auf der Mesoebene besteht im Finanzierungsmodell. Etablierte Medien werden heute überwiegend durch einen Mix aus Verkaufserlösen, Abonnements, Werbeanzeigen und – in einigen Ländern –

staatlichen Fördergeldern getragen. Bei den öffentlich-rechtlichen Rundfunkanstalten kommen die Rundfunkgebühren hinzu. Alternative Medien hingegen sind oft nicht-kommerziell ausgerichtet und setzen auf Spenden oder gemeinnützige Strukturen (z. B. Organisation als Verein). Werbepartnerschaften stellen bei Alternativen Medien eher die Ausnahme dar: Entweder scheuen Unternehmen die Kooperation, was derzeit bei vielen rechtsalternativen Medien der Fall sein dürfte. Oder man verzichtet bewusst auf Werbung, um die Unterscheidung zu den Mainstream-Medien hervorzuheben. Die Finanzierung Alternativer Medien soll an späterer Stelle noch genauer behandelt werden (Kap. 5).

Schließlich kann die Alternativität auch durch eine oppositionelle Haltung zum etablierten Mediensystem als Ganzes ausgedrückt werden (**Makroebene**). Hier geht es um die gesamtgesellschaftlichen Funktionen und Strukturen der Mainstream-Medien, von denen sich ein Alternatives Medium bewusst abgrenzt. Davon können wir bereits ausgehen, wenn in Beiträgen von den „System-Medien" oder der „Lügenpresse" die Rede ist. Meistens wird die Oppositionshaltung auch im Verhältnis zu den etablierten Branchenorganisationen deutlich. Typische Branchenorganisationen sind etwa die Berufsverbände der Journalist:innen oder repräsentative Selbstkontrolleinrichtungen (Presseräte, Auflagenkontrolle etc.). In Österreich erkennen beispielsweise viele rechtsalternative Medien den dortigen Presserat nicht an und bezeichnen ihn in abwertender Manier gerne als „Privatverein".

Auf der Makroebene zeigt sich die Alternativität auch in eigenen „Ökosystemen", die von Alternativen Medien genutzt werden. Speziell im rechten Spektrum existiert mittlerweile ein großes Netzwerk von Medien, die in engem Austausch stehen und im digitalen Raum gegenseitig aufeinander verweisen (siehe Kap. 6). Die neurechte Zeitschrift *Der Eckart* lädt seit 2023 zu einer „‚Runde der Chefredakteure' von alternativen Medien" – offenkundig ein Gegenformat zur „Runde der ChefredakteurInnen" im Österreichischen Rundfunk (*ORF*). Zum Ökosystem gehören auch eigene Veranstaltungen oder Preisverleihungen. Ein Beispiel hierfür ist der bereits erwähnte „Alternative Medienpreis", der seit 2000 an journalistische Beiträge mit alternativem Schwerpunkt verliehen wird. Auch im Umfeld rechtsgerichteter Medien gibt es mittlerweile Events und Preise, die der eigenen Vernetzung dienen und den Anschein von Seriosität erwecken sollen, etwa der „Medienaward" (*Leben und leben lassen*) oder der „Journalistenkongress" (*Libertatem-Stiftung*).

## Und Soziale Medien?

Widmen wir uns nochmals der Frage, ob nicht auch sogenannte soziale Plattformen die Anforderungen eines Alternativen Mediums erfüllen. Immerhin dienen auch *Facebook*, *Instagram* oder *X* (vormals *Twitter*) als Alternativen zur traditionellen Berichterstattung. Untersuchen wir dazu die drei zuvor genannten Ebenen: Auf Sozialen Plattformen kommunizieren mitunter Akteur:innen, die über keine journalistische Ausbildung verfügen und vom Mainstream abweichende Positionen verbreiten können (*Mikroebene*). Die Verbreitung von Inhalten erfolgt nicht durch redaktionelle Entscheidungen, sondern primär über Algorithmen (*Mesoebene*). Überdies bilden sie ein neues, eigenständiges Kommunikationssystem (*Makroebene*). Da Soziale Medien derzeit aber von etwa fünf Milliarden Menschen weltweit genutzt werden, können wir sie ganz klar dem Mainstream zurechnen. Außerdem verbreiten auch klassische Medien ihre Inhalte regelmäßig über Soziale Plattformen, weshalb sie in der Kommunikationsforschung überwiegend als *Intermediäre* betrachtet werden.

Interessant erscheint jedoch, ob es Gegenöffentlichkeiten zu den dominanten Sozialen Medien geben kann, also

„alternative soziale Medien". Hier besteht in der Wissenschaft bislang keine Einigkeit. Einzelne Forscher:innen begreifen jene Sozialen Medien als alternativ, die außerhalb der von kapitalistischen Tech-Unternehmen betriebenen Plattformen stehen (z. B. das *Dark Web*). In jüngerer Vergangenheit konnten wir durchaus Versuche beobachten, mit solchen Plattformen eine Gegenöffentlichkeit aufzubauen. So wechselten nach Elon Musks Übernahme von *Twitter* zahlreiche User:innen zum Mikroblogging-Dienst *Mastodon*. Dessen Zahl stieg in kurzer Zeit von 300.000 aktiven Nutzenden auf rund drei Millionen an. Ein wesentlicher Grund hierfür war die dezentrale Konzeption von *Mastodon*, die eine politisch motivierte Übernahme durch einen einzelnen Milliardär verhindert. Allerdings flachte das Wachstum bald ab, prominente Accounts blieben weiterhin auf *Twitter* oder kehrten schnell wieder zurück.

Dennoch sollten die Kritiker:innen Musks Recht behalten: Seine in *X* umbenannte Plattform wurde in den darauffolgenden Jahren zu einem toxischen Ort, gekennzeichnet von Hatespeech, Desinformation und aggressiven Trollen. Bei den US-Präsidentschaftswahlen 2024 dürfte *X* außerdem als parteipolitisches Instrument der Republikaner:innen gedient haben. Nach dem Wahlsieg Donald Trumps setzte daher neuerlich eine Abwanderungswelle ein, diesmal wechselten zahlreiche Accounts zur relativ neuen Social-Media-Plattform *Bluesky*. Auch in Deutschland und Österreich verließen mehrere prominente Accounts unter dem Hashtag „#eXit" Musks Plattform. Obwohl *Bluesky* bis dato ebenfalls in privaten Händen ist, haben User:innen deutlich mehr Kontrolle über den Algorithmus und die Moderation von Inhalten. Insofern könnte man sowohl bei *Mastodon* als auch von *Bluesky* von Alternativen Sozialen Medien sprechen, die derzeit (noch) eine Gegenöffentlichkeit zu *X* bilden.

# 5

# Unterscheidung von Alternativmedien?

**Zusammenfassung** Im digitalen Raum existieren zahlreiche Alternative Medienangebote, die sich teilweise stark voneinander unterscheiden. Sowohl in der Kommunikationswissenschaft als auch in der Politik gibt es Versuche, die große Anzahl verschiedener (Alternativ-)Medien zu kategorisieren. Dieses Kapitel untersucht drei Kategorien, die zur Unterscheidung heutiger Alternativmedien hilfreich sind: Belegschaft, Finanzierung und Inhalte.

Im Jahr 2017 kam es bei der Verleihung des „Alternativen Medienpreises" zum Eklat. Diese Auszeichnung geht auf die Initiative von Akteur:innen aus der Alternativen Medienszene der BRD zurück. Seit 2000 werden ganz unterschiedliche Formate bzw. Personen prämiert, darunter unabhängig produzierte Dokumentarfilme, innovative Beiträge freier Radiosender oder auch die Gründer:innen Alternativer Medienprojekte (z. B. *Netzpolitik*). Für Aufsehen sorgte 2017, dass die Jury eine Reportage auszeichnete, die von *NuoViso* produziert worden war. Das rechtsesoterische Online-Portal firmiert heute unter dem Titel *NuoFlix* und war schon damals dafür bekannt, regelmäßig verschwörungstheoretische Inhalte zu verbreiten. Andere ausgezeichnete Personen sagten daraufhin ihre Teilnahme an der Preisverleihung ab. Die Jury rechtfertigte ihre Entscheidung zunächst noch damit, dass lediglich die Reportage bewertet worden sei, nicht die Person des Autors oder die Videoplattform dahinter. Wenig später räumte eine Jurorin jedoch ein, dass man die Hintergründe von *NuoViso* näher hätte prüfen sollen.

In Kap. 4 haben wir festgehalten, dass die Abgrenzung Alternativer Medien von den Mainstream-Medien nicht immer leichtfällt. Allerdings herrscht auch unter den Alternativen Medien ein Abgrenzungsbedarf, wie der Eklat 2017 deutlich macht: Haben wir es mit einem innovativen Projekt zu tun, das Lücken in der Berichterstattung schließt? Oder verfolgt das Alternative Medium mit seinen Beiträgen in Wahrheit andere (demokratieschädigende) Ziele? Derartige Abgrenzungsprobleme beschäftigen zunehmend auch die Politik. Denn mit Blick auf die ökonomische Krise des Journalismus sehen sich immer mehr Staaten dazu veranlasst, neue Fördersysteme für Medien einzurichten. In dem Zusammenhang geht es auch um die Frage, welche Alternativen Medienformate als förderwürdig gelten und welche nicht.

Nehmen wir dazu einen Fall aus Österreich: Im November 2022 veröffentlichte das Onlinemedium *eXXpress* eine Karikatur, die einen jüdischen Krypto-Unternehmer mit Hakennase, umgeben von Ratten, zeigte. *eXXpress* richtet sich an „Selberdenker" und ist dabei besonders auf rechte Politiker:innen ausgerichtet. Die Karikatur sorgte für Aufsehen und wurde als antisemitisch kritisiert, so auch vom Verfasser dieses Buchs. Zugleich gab die Mediensprecherin der damals regierenden Grünen bekannt, dass man die Aus-

## 5 Unterscheidung von Alternativmedien?

schlussgründe bei der geplanten Förderung reiner Onlinemedien verschärfen werde. Das betreffende Gesetz enthielt wenig später mehrere Ausschlusskriterien, u. a. das wiederholte Aufstacheln zu Hass oder Gewalt gegen Personen aufgrund von Geschlecht, Religion, ethnischer und sozialer Zugehörigkeit. Ob der *eXXpress* diese Kriterien erfüllt, hat die österreichische Medienbehörde zum jetzigen Zeitpunkt noch nicht beurteilt.

Mittlerweile scheint auch die Kommunikationsforschung darum bemüht, die aktuell zahlreichen Alternativmedien entsprechend zu kategorisieren. Ein gutes Hilfsmittel sind Kriterienkataloge, etwa von der Medienwissenschaftlerin Gabriele Hooffacker, die zwischen *akteurs-, organisations-* und *inhaltsbezogenen* Kriterien differenziert. Für Hooffacker ist ein wesentliches Unterscheidungsmerkmal, ob das Alternative Medium ein autoritäres Weltbild oder menschenfeindliche Positionen vertritt. Freilich sind solche Bewertungen mit Aufwand verbunden, weil sie streng genommen eine empirische Inhaltsanalyse erfordern. Im Folgenden können wir aber auf drei Kategorien näher eingehen, die bei der groben Unterscheidung heutiger Alternativmedien helfen (s. Abb. 5.1).

| Akteursbezogen | - Komplett von Laien gestaltete Medien |
| --- | --- |
| | - Kuratierte partizipative Formen und Formate von Laien in professionellen Medien |
| | - Beiträge von professionellen Journalist:innen |
| Organisationsbezogen | - Selbstorganisierter Kanal in der Hand von Laien |
| | - Eigener professioneller Kanal |
| | - Kanal eines professionellen Mediums |
| | - Kanal einer Organisation (PR-Kanal) |
| Inhaltsbezogen | - Innovative Themensetzung |
| | - Innovatives Format |
| | - Keine gruppenbezogene Menschenfeindlichkeit |
| | - Kein autoritäres, regressives Weltbild |
| | - Integration in die zivilgesellschaftliche Öffentlichkeit (zentripetal) |

**Abb. 5.1** Kriterienkatalog zur Bewertung von „Alternativmedien", zit. n. Hooffacker 2020

## Belegschaft (*Akteursbezogen*)

In den Alternativmedien des 20. Jahrhunderts wurden die Inhalte hauptsächlich von Amateur:innen, Laienjournalist:innen und Protestgruppen produziert. Für die lokalen Stadtzeitungen und Freien Radiosender der BRD waren meistens Vertreter:innen aus der alternativen (Kultur-)Szene oder sozialen Bewegungen tätig. Hingegen stellten professionell ausgebildete Journalist:innen in den Redaktionen eher die Ausnahme dar. Ein Blick auf das aktuelle Spektrum Alternativer Medien zeigt uns, dass die redaktionelle Besetzung vielfältiger geworden ist bzw. sich durchaus gewandelt hat. Als erstes Unterscheidungsmerkmal heutiger Alternativmedien dient daher die Belegschaft.

Zum einen gibt es weiterhin zahlreiche Alternativmedien, die keine ausgebildeten Journalist:innen beschäftigen. So wird beispielsweise bei den „Community-Sendern" im deutschsprachigen Raum nach wie vor ein Großteil der Inhalte von Laien gestaltet. Auch bei vielen parteiischen Alternativmedien können wir feststellen, dass deren Beiträge nicht von professionellen Journalist:innen stammen. Ein Beispiel hierfür ist das seit 2015 gewachsene Netzwerk an Alternativmedien im Umfeld der rechtsgerichteten FPÖ, deren Redaktionen vorwiegend aus politischen Aktivist:innen und (früheren) Parteifunktionär:innen bestehen. Im Übrigen erfüllen derartige Alternativmedien oft nicht die Anforderungen staatlicher Förderungen. So sieht etwa die qualitätsorientierte Journalismusförderung in Österreich derzeit vor, dass Onlinemedien mindestens drei „hauptberufliche Journalist:innen" beschäftigen müssen, womit viele Alternativmedien von vornherein ausgeschlossen sind.

Zum anderen gibt es im digitalen Raum immer mehr Medienprojekte, die als Alternative zum Mainstream auftreten, zugleich aber sehr wohl ausgebildete Journalist:innen beschäftigen. Dazu zählen einige seriöse Onlinemedien,

## 5 Unterscheidung von Alternativmedien?

die sich vom kommerzialisierten Mediensystem abgrenzen, jedoch hohe berufliche Anforderungen an die eigene Belegschaft stellen (z. B. *Krautreporter, Tag Eins, Republik*). Hinzu kommen Alternative Medien, die nicht unbedingt für eine objektive Berichterstattung bekannt wären, dennoch aber von (ehemals) etablierten Journalist:innen angeführt werden. Dieses interessante Phänomen können wir momentan vor allem im rechtskonservativen Spektrum beobachten.

Ein konkretes Beispiel ist das bereits erwähnte Monatsmagazin *Tichys Einblick*. Ursprünglich als Ein-Mann-Blog gestartet, wird es von Roland Tichy als Herausgeber und Chefredakteur geführt. Tichy war zuvor über viele Jahre Chefredakteur etablierter Wirtschaftsmagazine und wurde 2008 noch als „Wirtschaftsjournalist des Jahres" ausgezeichnet. Bis 2014 war er Chefredakteur der *WirtschaftsWoche*, die er laut Medienberichten nicht ganz freiwillig verlassen haben soll. Das von ihm danach gegründete und nach ihm benannte Magazin wird von Expert:innen als Alternativmedium eingestuft und steht aufgrund seiner tendenziösen Berichterstattung regelmäßig in der Kritik.

Neben *Tichys Einblick* gibt es weitere rechtsalternative Medien, bei denen ehemalige Akteur:innen seriöser Medien prominent in Erscheinung treten – man denke etwa an Boris Reitschuster (*Reitschuster*), Matthias Matussek (u. a. *Achse des Guten*) oder Julian Reichelt (*NIUS*). Die genannten Personen haben bei traditionellen Medien gelernt und gearbeitet, sie verstehen also ihr journalistisches Handwerk. Allerdings scheinen sie den Mainstream-Medien den Rücken gekehrt zu haben. Neben öffentlichen Äußerungen schlägt sich das auch in den eigenen Publikationen nieder. Darin wird etablierten Medien – allen voran den öffentlich-rechtlichen Sendern – Einseitigkeit, politische Korrektheit, „Wokeness" oä. vorgeworfen. Hier wäre zu überlegen, ob auch negative Erfahrungen mit der etablierten Medienbranche oder persönliche Kränkungen bei der Gründung eines Alternativmediums eine Rolle spielen.

Eine Unterscheidung nach der Belegschaft Alternativer Medien ist sinnvoll, um die Motive hinter der Berichterstattung besser nachvollziehen zu können: Handelt es sich um das Publikationsorgan einer Protestgruppe, die bestimmte Inhalte stärker thematisiert haben will? Werden die vermeintlichen Nachrichteninhalte von Personen erstellt, die politische oder ideologische Ziele verfolgen? Oder ist die Motivation womöglich auch auf individuelle negative Erlebnisse zurückzuführen?

## Finanzierung (*Organisationsbezogen*)

Bislang stellen Alternative Medien ihre Inhalte im Netz überwiegend gratis zur Verfügung, während größere Werbekooperationen in der Regel fehlen. Auf vielen Nachrichtenseiten verweisen sie gerne auf die fehlenden kommerziellen Strukturen, um die eigene (vermeintliche) Glaubwürdigkeit oder Unbestechlichkeit zu betonen. Dennoch wäre es falsch, Alternativen Medien pauschal ein ökonomisches Interesse abzusprechen – selbstverständlich stehen auch sie vor der Herausforderung, anfallende Kosten für Personal, Produktion etc. zu decken.

So enthält nahezu jede Website eines Alternativmediums einen Spendenaufruf oder eine sonstige Aufforderung zur finanziellen Unterstützung. Bei vielen Medienprojekten ist jedoch unklar, welche Kosten tatsächlich anfallen und ob diese lediglich durch Spenden getragen werden. Das gilt insbesondere für reichweitenstarke Alternativmedien, die mehrere Kanäle bespielen und damit eine größere Anzahl von Mitarbeitenden beschäftigen dürften. Die fehlende Transparenz in puncto Finanzierung ist nicht frei von Widerspruch – sind es doch oft Alternative Medien, die dem Mainstream vorwerfen, ökonomisch abhängig oder gar gesteuert zu sein. Trotz fehlender Transparenz können

## 5 Unterscheidung von Alternativmedien?

wir in der Praxis zumindest gewisse Finanzierungsstrategien beobachten.

Eine erste Möglichkeit besteht im Verzicht auf Darstellungsformen und Inhalte, die eine aufwändige Produktion oder qualitativ hochwertige Recherchen erfordern würden. Dieser Ansatz kann dann funktionieren, wenn das Zielpublikum wenig Wert auf journalistische Standards legt und entsprechende Mängel eher akzeptiert. Schon die Alternativzeitungen der Student:innenbewegung waren meist unentgeltlich hergestellte Produkte, für die keine höheren Kosten anfielen. Mit der Digitalisierung ist es außerdem leichter geworden, ein Alternatives Medium einigermaßen professionell aussehen zu lassen, ohne dass hierfür ein nennenswertes Budget erforderlich wäre. Heute gibt es zahlreiche Blogs, die nachrichtenähnliche Inhalte verbreiten und dabei hauptsächlich von einer Person betrieben werden. In dem Fall kann eine Finanzierungshilfe durch Spendengelder tatsächlich ausreichen.

Eine zweite Möglichkeit ist die Finanzierung durch nahestehende Institutionen, etwa durch Regierungen, Parteien, Interessensgruppen oder Unternehmen. So finanziert der Kreml nachweislich die Portale *Sputnik* und *RT*, wiewohl das auf den deutschsprachigen Nachrichtenseiten nicht entsprechend ausgewiesen wurde. Im DACH-Raum finden wir zahlreiche Alternativmedien, die im Einflussbereich von Parteien stehen. Zum einen handelt es sich um klassische Parteimedien – in Österreich besitzt inzwischen jede im Nationalrat vertretene Partei ein eigenes Medium, was aus den Titeln jedoch nicht immer hervorgeht (z. B. *Kontrast, Zur Sache, Materie*). Zum anderen gibt es Medienprojekte, die zwar ideologisch und personell einer Partei nahestehen, organisatorisch von dieser aber getrennt sind. In solchen Fällen erfolgt eine finanzielle Unterstützung meistens durch Inserate bzw. Werbeschaltungen der betreffenden Partei, wie wir in Österreich bei FPÖ-nahen

Alternativmedien beobachten können (z. B. *Info-DIREKT*, *Der Status*, *AUF1*).

Andere Alternativmedien werden hauptsächlich von einer wohlhabenden Einzelperson getragen. Ein prominentes Beispiel hierfür ist das als rechtes „Krawallportal" eingestufte *NIUS*. Hinter dem Onlinemedium steht eine Firma, deren Mehrheitsgesellschafter der deutsche Informatiker und Unternehmer Frank Gotthardt ist. In einem Podcast führte Gotthardt aus, dass man etwas gegen die „Übermacht der Medien, die eher links zu verorten sind", tun müsse. Die Gründung von *NIUS* erfolge daher aus „staatsbürgerlicher Verantwortung". Seit 2024 hält Gotthardts Firma außerdem 75 % der Anteile am österreichischen *eXXpress*, den wir am Anfang dieses Kapitels erwähnt haben. Weitere Anteile am *eXXpress* besitzt die Juristin Eva Schütz, deren Ehemann Multimillionär und ehemaliger ÖVP-Großspender ist. Solche Alternativmedien sind also weder auf ein zahlendes Publikum noch Werbekund:innen angewiesen, jedoch stark abhängig vom Wohlwollen ihrer einzelnen Finanziers.

Eine dritte Finanzierungsmöglichkeit, die in den letzten Jahren an Bedeutung gewonnen hat, besteht im Warenverkauf bzw. sogenannten *Merchandising*. Mittlerweile verfügen einige Alternative Nachrichtenseiten über eigene Webshops, in denen diverse Produkte und Werbeartikel bestellt werden können. Als Beispiel ist hier der rechtsextreme Onlinesender *AUF1* anzuführen, der 2021 während der Pandemie gegründet wurde. In dessen Webshop waren bisher etwa ein Notfallradio, Essensvorräte in Konservendosen oder ein Gaskocher erhältlich. Diese Produkte stehen in Einklang mit der Berichterstattung von *AUF1*, die regelmäßig mit Katastrophen- und Untergangsszenarien arbeitet (z. B. dem „Blackout"). Daneben finden wir im Webshop auch noch einschlägige Bücher, esoterische Produkte oder Aufkleber mit AfD-Slogans. Über sogenannte *Affiliate Links* dürften Alternativmedien am Verkauf solcher Waren mitverdienen und darüber auch ihre Berichterstattung finanzieren.

## 5 Unterscheidung von Alternativmedien?

Eine vierte Option können staatliche Förderungen nach objektiven Kriterien sein. Speziell Österreich sieht mehrere Maßnahmen zur Förderung der heimischen Medienbranche vor, so auch für Alternative Medien. Seit 2009 gibt es beispielsweise einen „nichtkommerziellen Rundfunkfonds", der Freien Radios und Community-Fernsehsendern zugutekommt. Auch rechtsalternativen Medien gelingt es über einzelne Fördergesetze immer wieder, an staatliche Gelder zu gelangen. So erhielt beispielsweise der FPÖ-nahe *Wochenblick* finanzielle Mittel aus der offiziellen Presseförderung, weil das inzwischen eingestellte Medium auch als gedruckte Wochenzeitung erschienen war („Vertriebsförderung"). Diese Fördermaßnahmen sorgen in Österreich immer wieder für Diskussionen, ob bestimmte Alternativmedien nicht davon ausgeschlossen werden sollten.

Schließlich versehen einzelne Alternative Medienprojekte ihre Inhalte mit einer „Paywall" und werden damit durch Abonnements ihrer Leser:innen getragen. Diese Finanzierungsmethode finden wir freilich beim Großteil der etablierten deutschsprachigen Medienlandschaft vor. Allerdings bezeichnen Alternative Medien ihre Abonnements tendenziell als „Mitgliedschaft", was einen partizipativen Ansatz suggeriert (z. B. *JETZT, Dossier, Republik*). Angemerkt sei, dass ein Großteil dieser Publikationen stark professionalisiert ist und hohe journalistische Qualitätsstandards aufweist. Man könnte also durchaus darüber streiten, ob die Bezeichnung „Alternativmedium" hier wirklich passend ist (mehr dazu gleich).

In der Praxis gibt es also verschiedene Modelle, die Alternativen Medien eine Finanzierung ihres Betriebs ermöglichen. Eine Unterscheidung nach dem Finanzierungsmodell kann dabei helfen, die Unternehmensstrategie eines Alternativmediums besser einzuordnen: Besteht das Ziel langfristig darin, auf dem Leser:innenmarkt Umsätze zu generieren? Haben wir es mit einer staatlich oder privat getragenen Publikation zu tun, deren Existenz von vornherein nicht vom ökonomischen Erfolg abhängig ist?

# Inhalte und Aufmachung
# (*Inhaltsbezogen*)

In Kap. 4 haben wir gesehen, dass das wesentliche Ziel aller Alternativmedien im Aufbau einer Gegenöffentlichkeit besteht. Folglich vertreten sie meist oppositionelle oder radikalere Standpunkte, machen bestimmte Gruppierungen sichtbar und greifen in der Öffentlichkeit (vermeintlich) vernachlässigte Themen auf. Dabei sprechen sie in der Regel ein spezifisches Publikum an, das seine Positionen in den etablierten Medien ebenfalls nicht ausreichend berücksichtigt sieht. Diese Ansätze finden wir in so gut wie jedem Alternativmedium wieder.

Dennoch gibt es starke Unterschiede was die Themen, Rhetorik und Symbolik heutiger Alternativmedien betrifft. Wir benötigen daher auch inhaltliche Kategorien, nach denen wir ihre große Anzahl einordnen können. Einen ersten Anhaltspunkt bietet uns die politische Ausrichtung: Wie schon mehrfach angemerkt, waren es im 20. Jahrhundert vor allem Publikationen sozialer Gruppierungen, die tendenziell links verortet wurden, so u. a. der Studierenden-, Frauen- oder Umweltbewegung. Mit Aufkommen der sozialen Medien kam es hingegen zu einer Gründungswelle rechtsgerichteter Alternativmedien. Wenig überraschend ergeben sich je nach politischer Ausrichtung signifikante inhaltliche Unterschiede.

Allerdings ist die Unterscheidung nach dem klassischen „Links-Rechts-Schema" zunehmend schwieriger. Zunächst stoßen wir auf einzelne Alternativmedien, die ursprünglich dem linken Spektrum entstammen, sich in den letzten Jahren aber für den rechten Rand geöffnet haben (z. B. *NachDenkSeiten*, *Rubikon*). Umgekehrt gibt es rechtsalternative Medien, die manchmal auch linke Positionen oder Politiker:innen positiv rezipieren. Ein diesbezügliches Beispiel ist das rechtsextreme Magazin *Compact*, das 2022 die damalige

Linken-Politikerin Sahra Wagenknecht auf seine Titelseite hob mit der Schlagzeile „Die beste Kanzlerin". Dazu kommen (alternative) „Querfront"-Medienprojekte, die bewusst eine Vermengung rechter und linker Positionen anstreben, wie etwa das von Ken Jebsen betriebene Internetportal *Apolut* (zuvor: *KenFM*). Vor diesem Hintergrund gelangt auch das *Zentrum Liberale Moderne* in einem Forschungsprojekt 2023 zu dem Ergebnis, dass die frühere Abgrenzung zwischen rechts und links im Feld der Alternativmedien kaum noch zähle.

Eine inhaltliche Einordnung von Alternativmedien nach rein politischen Gesichtspunkten greift also zu kurz bzw. bedarf es präziserer Unterscheidungsmerkmale. Einen wertvollen Beitrag bietet hier eine Dissertation der Medienwissenschaftlerin Lisa Schwaiger, die 178 alternative Nachrichtenseiten im deutschsprachigen Raum netzwerkanalytisch erfasst hat (Zeitraum: Oktober 2018 bis August 2019). Sie differenziert dabei zwischen vier Typen:

- *Aufdecker der Mainstream-Lügen*

  Viele heutige Alternativmedien agieren als „Media-Watchdogs", deren Schwerpunkt auf den vermeintlichen Unwahrheiten des politischen und medialen „Establishments" liegt. Diese von Schwaiger als *Aufdecker der Mainstream-Lügen* bezeichneten Medien treten zwar für eine Stärkung von Meinungsfreiheit ein, missbilligen aber gleichzeitig die Anliegen bestimmter Gruppen, etwa von Geflüchteten oder LGBTQI*-Personen. Die Inhalte beziehen sich daher oft auf „Kulturkampf"-Themen wie Migration, Gender-Mainstreaming oder sonstige linksliberale Gesellschaftspolitik. Da gegen den Mainstream bewusst agitiert oder polemisiert wird, bringen viele Beobachter:innen die betreffenden Medien mit Rechtspopulismus und Desinformation in Verbindung.

Dem Medientyp entsprechend gibt es auf den Nachrichtenseiten manchmal eigene „Fake-News"-Rubriken, die angebliche Falschmeldungen etablierter Medien thematisieren. In der Berichterstattung fallen gerne auch Begriffe wie „System-Medien", „Staatsfunk" oder „Lügenpresse". Allerdings weist die Aufmachung bzw. das Layout in der Regel auf keine alternative Form hin, sondern erinnert tendenziell an ein professionelles Nachrichtenmedium. Als konkrete Beispiele nennt Schwaiger u. a. die Publikationen *Junge Freiheit, Unzensuriert, Compact, Tichys Einblick, Info-DIREKT, Jouwatch, Achse des Guten, Freilich* und *PI-News*.

- *Verschwörung und Spiritualität*

Ein weiterer Typ Alternativer Medien tritt als Geheimnislüfter und Weltverbesserer auf, dessen Ziel im Aufdecken einer vermeintlichen Wahrheit liegt. Die Inhalte kreisen dabei um Spiritualität, Esoterik und auch tagespolitische (lokale) Themen, wobei diese meist als Teil einer größeren Verschwörung präsentiert werden. In vielen Beiträgen geht es daher um angebliche globale Eliten, die im Geheimen agieren und das weltpolitische Geschehen steuern würden, beispielsweise in Zusammenhang mit 9/11. Ähnlich wie die *Aufdecker der Mainstream-Lügen* lehnt auch dieser Typ das „Establishment" ab, wobei hier seltener bzw. nicht dezidiert das politisch linke Spektrum angegriffen wird.

Dieser von Schwaiger unter *Verschwörung und Spiritualität* eingeordnete Typ weist ein plakatives, tendenziell düsteres Erscheinungsbild auf. Dabei wird auch mit apokalyptischen Symboliken gespielt, beispielsweise in Form von Flammen oder finsteren Gestalten. Die alternative Form kommt somit auch im Layout deutlicher zum Ausdruck und wirkt vergleichsweise laienhaft. Als konkrete Medienprojekte sind *MMnews, Uncut-News, Alles Schall und Rauch,* und *Alpenschau* zu nennen.

## 5 Unterscheidung von Alternativmedien? 69

- *Aufstand der Zivilgesellschaft*

Unter den heutigen Alternativmedien erkennt Schwaiger ferner einige Projekte, die mit den Alternativen Zeitungen im 20. Jahrhundert durchaus vergleichbar sind. Jene Medien kämpfen gegen soziale Ungerechtigkeit und Diskriminierung an – ihre Berichterstattung soll marginalisierte Positionen oder Personengruppen sichtbar machen (*Aufstand der Zivilgesellschaft*). In der Regel steht dieser Typ in Opposition zur kapitalistischen Wirtschafts- und Gesellschaftsordnung, zum Teil bezeichnet man sich als sozialistisch, marxistisch oder gar kommunistisch. Derartige (linksstehende) Alternativmedien sind stark politisch ausgerichtet, während ihre Abgrenzung zum medialen Mainstream subtiler ausfällt, etwa was die Abhängigkeit klassischer Medien von Konzernen betrifft.

Der rhetorische Stil ist häufig mobilisierend und hat zum Ziel, sozialen Wandel herbeizuführen. Optisch ähneln diese Alternativmedien einer professionellen Nachrichtenseite, wobei im Stil der früheren Arbeiter:innenbewegung meistens ein rotes Farbschema gewählt wird. Im Übrigen finden wir hier mehrere Nachrichtenangebote, die schon seit Jahrzehnten existieren und somit die Digitalisierung überlebt haben. Beispiele für diesen Typ sind *Konkret, Rote Fahne, Der Funke, Unsere Zeit, Rote Anneliese, Mosaik* oder *Kontrast*.

- *„Die seriöse Alternative"*

Der vierte Typ steht für tiefgehende Recherchen und seriöse Hintergrundberichterstattung. Auch die Belegschaft und Strukturen sind hier überdurchschnittlich professionell, weshalb die Bezeichnung als Alternativmedien fraglich erscheint. Dennoch können wir eine Abgrenzung vom Mainstream erkennen, wie etwa die folgende Selbstbeschreibung deutlich macht: „Für alle, die eine klare, fokussierte Informationsquelle suchen – ohne Ablenkung, Agenda und Werbung" (*Krautreporter*). Die Kritik richtet sich in der Regel gegen das kommerzialisierte Mediensystem, das unter personellem Ressourcenmangel oder negativen Phänomenen wie *Clickbaiting* leide. Demgemäß wird gerne die Qualität und Unabhängigkeit des eigenen Angebots betont. Schwaiger bezeichnet den Typ als „*Die seriöse Alternative*".

Die Themen jener Alternativmedien kreisen um Politik, Wirtschaft und Gesellschaft, der Akzent liegt dabei auf gründlicher Recherche und „Slow journalism". Beispielsweise veröffentlichen sie nur einen Artikel pro Tag oder verzichten bewusst auf Eilmeldungen und Sensationsberichterstattung. Der Zielgruppe entsprechend ist auch der Schreibstil gehoben bis intellektuell, während das Erscheinungsbild auffallend schlicht wirkt (z. B. nur wenige Farben). Ideologisch ist der Typ tendenziell linksliberal zu verorten, wobei es Ausnahmen gibt. Als Beispiele nennt Schwaiger neben *Krautreporter* auch noch *Republik, Das Lamm, Journal21, Infosperber* oder das inzwischen eingestellte *Addendum*.

Die Dissertation von Schwaiger bietet einen sinnvollen Ansatz, um die heutige Fülle an Alternativmedien inhaltlich zu kategorisieren. Freilich gibt es zwischen den einzelnen Typen immer wieder Überschneidungen, weshalb sie nicht streng voneinander zu trennen sind. So existieren viele rechtsgerichtete Alternativmedien, die als *Aufdecker von Mainstream-Lügen* agieren, zugleich aber auch Verschwörungstheorien verbreiten (*Verschwörung und Spiritualität*; Typ I und II). Da jene Medienprojekte für den Rechtspopulismus eine besondere Bedeutung erlangt haben, soll auf diese im nächsten Kapitel genauer eingegangen werden.

Eine inhaltliche Unterscheidung Alternativer Medien hilft auch bei der Frage, welche im Sinne der liberalen Demokratie förderlich sind: Behandeln sie Themen, die vorhandene Lücken in der Berichterstattung schließen? Beruhen die veröffentlichten Beiträge auf journalistischen Standards? Oder geht es hier vorrangig um Kampagnenjournalismus, der politische Prozesse (negativ) beeinflussen will?

# 6

# Rechtspopulismus

**Zusammenfassung** Heute werden Alternativmedien oft mit rechten Bewegungen in Verbindung gebracht. Dieses Kapitel beleuchtet die Bedeutung Alternativer Medien beim globalen Aufstieg des Rechtspopulismus. Im Fokus steht dabei das symbiotische Verhältnis zwischen rechten Parteien und Alternativen Medien. Anschließend wird auch auf das demokratieschädigende Potenzial rechtsalternativer Medien eingegangen.

„Skandal bei den Grünen: Hat Baerbock nicht einmal einen Bachelor-Abschluss?" (*Report24*); „Plagiatsjäger lässt aufhorchen: Ist Uni-Abschluss von Grünen-Chefin erfunden?" (*Wochenblick*); „Bachelor-Abschluss von Kanzlerkandidatin Baerbock existiert nicht" (*Info-DIREKT*). Im September 2021 berichtete die Rechercheplattform *Correctiv* über Einflussnahmen auf den deutschen Bundestagswahlkampf durch rechtsalternative Medien. Maßgebliche Player seien Onlinemedien aus Oberösterreich, die vor allem die Debatte über Annalena Baerbocks Lebenslauf befeuert hätten. Tatsächlich gab es damals Unstimmigkeiten im Lebenslauf der Grünen-Politikerin, die zu Diskussionen über ihre Eignung als Kanzlerkandidatin geführt hatten. In der Folge erweckten rechtsgerichtete Alternativmedien den irreführenden Eindruck, dass Baerbock womöglich gar kein Studium absolviert habe, wie uns die hier zitierten Schlagzeilen zeigen.

Laut *Correctiv* seien die österreichischen Onlinemedien mitverantwortlich dafür gewesen, dass die Debatte um Baerbocks akademische Laufbahn auch in deutschen Leitmedien immer stärker Einzug gehalten habe. Das sah man auch auf *Twitter*, wo nur wenige Tage nach den Beiträgen der Alternativmedien bereits der Hashtag „#studierenwiebaerbock" umging. *Correctiv* begab sich auf die Suche nach den Akteur:innen aus Österreich und stieß dabei auf interessante Erkenntnisse: Mehrere dieser Onlinemedien hätten ihre Geschäftsadresse am selben Ort, nämlich in einem leer wirkenden Bürohaus in Linz. Außerdem gebe es personelle Überschneidungen zwischen den betreffenden Alternativmedien, etwa was deren Autor:innen betrifft. Und alle hätten eine wenig verschleierte Nähe zu einer bestimmten Partei: der *Freiheitlichen Partei Österreich* (FPÖ).

Das Beispiel zeigt, wie rechtsalternative Medien heute auf die öffentliche Debatte Einfluss nehmen können; zudem wird eine Vernetzung unter den verschiedenen Playern deutlich. In jüngerer Vergangenheit finden wir zahlreiche ähnliche Kampagnen durch rechtsgerichtete Alternativmedien. Zwar wäre es weiterhin falsch, den Begriff „Alternativmedium" nur für Publikationen des rechten Spektrums zu benutzen, wie wir in diesem Buch aufgezeigt haben. Im Vergleich zu anderen politischen Bewegungen stellen sie momentan aber ein wichtigeres Mittel dar, um Programmatik vorzugeben und Anhänger:innen zu mobilisieren. Dabei stehen sie unzweifelhaft in einer besonderen Beziehung zu rechten Parteien. Es lohnt sich somit ein genauerer Blick auf die heutige Funktion rechtsgerichteter Alternativmedien.

## „Negative Öffentlichkeit"

Eingangs sollten wir berücksichtigen, dass das Spektrum rechtsalternativer Medien ebenfalls breit ist. Die vielen Publikationen unterscheiden sich strategisch und ideologisch also durchaus voneinander: Manche lehnen progressive oder multikulturelle Werte dezidiert ab, lassen jedoch keine Affinitäten zum völkischen Nationalismus erkennen. Andere Alternativmedien hingegen zeigen offen Sympathien für rechtsextreme Bewegungen und werden von diesen entsprechend positiv rezipiert. Und wieder andere agieren als Teil einer „Querfront", die eine Vermischung von rechten und linken Positionen anstrebt. Publizistische Beobachter:innen wählen Zuschreibungen als „rechtsextrem", „rechtskonservativ", vereinzelt „rechtslibertär", oder „verschwörungsideologisch" (Abb. 6.1).

In der Praxis sind die Übergänge jedoch fließend, zumal derartige Zuschreibungen von den Betroffenen meistens in Abrede gestellt werden. Eine präzise ideologische Einordnung ist auch deshalb schwierig, weil die Inhalte und Autor:innen innerhalb eines rechtsalternativen Mediums variieren kön-

| | |
|---|---|
| Rechtsextrem | *AUF1, Compact, Deutschland-Kurier, Freilich, Info-DIREKT, Heimatkurier, Journalistenwatch, Krautzone, Sezession, Unser Mitteleuropa* |
| Rechtskonservativ/-libertär | *Achse des Guten, Apollo News, eigentümlich frei, eXXpress, Die Weltwoche, Junge Freiheit, Kontrafunk, NIUS, Reitschuster, Tichys Einblick* |
| Verschwörungsideologisch | *Anti-Spiegel, Apolut, NachDenkSeiten, Infosperber, Multipolar, Report24, Manova, Telepolis, TKP, Uncut-News* |

**Abb. 6.1** Einordnung ausgewählter rechtsalternativer Medien anhand von Fremdzuschreibungen

nen. Sinnvoller erscheint es, dass wir rechtsalternative Medien als Scharnierorgane betrachten, die unterschiedliche rechte Standpunkte verbinden und somit eine diskursive Brücke von konservativen bis hin zu rechtsextremen Strömungen bilden können. Denn obwohl die oppositionelle Haltung unterschiedlich stark zum Ausdruck kommt, zeigen sich in der Berichterstattung derzeit zentrale Schnittmengen:

Zunächst gibt es ein gemeinsames Feindbild, nämlich die sogenannten liberalen Eliten, die gegen die Bedürfnisse der Bevölkerung agieren würden. Darunter fallen vorwiegend linke Politiker:innen, unabhängige Medien und seit der Corona-Pandemie vermehrt auch die Wissenschaft. Die Ablehnung jener (vermeintlichen) Eliten kommt schon dann zum Ausdruck, wenn in Beiträgen abwertend vom „Establishment", „System", „tiefen Staat" oder – in antisemitischer Konnotation – von „Globalisten" die Rede ist. Auch bei der Themensetzung sehen wir ein übereinstimmendes Muster. Dabei geht es weniger um das konkrete Thema als um das Narrativ vom gesellschaftlichen Weg in den Untergang. Ob Migration, COVID19 oder Energiewende – die Gesellschaft steht immer kurz vor dem Kollaps, verschuldet von einer unfähigen Regierung oder einem anderen politischen Gegner. Passend erscheint hier der Ansatz des Politikwissenschaftlers Markus Linden, der die betreffenden Alternativmedien als *Negative Öffentlichkeit* definiert, „die eigene Experten und eigene Wahrheiten besitzt, nie diskursiv ist und immer ihren Gegner kennt."

## Verhältnis zur Politik

Eine weitere Besonderheit rechtsalternativer Medien besteht im *symbiotischen Verhältnis* zu ideologisch nahestehenden Parteien und Politiker:innen. Zu Beginn des Buchs haben wir festgehalten, dass der Aufstieg von *Breit-*

*bart* eng mit dem Sieg Donald Trumps bei der US-Wahl 2016 verknüpft war. Zu dieser Zeit tauchten im deutschsprachigen Raum ähnliche Alternativmedien auf, die auffallende Sympathien gegenüber rechtsgerichteten Parteien zeigten. Auch die betroffenen Parteien unterscheiden sich je nach Land ideologisch und programmatisch voneinander. Sie alle nehmen aber eine nationalistische Haltung ein, propagieren einfache Lösungen für komplexe Probleme und polemisieren gerne gegen das vermeintliche „Establishment". Es reicht somit aus, wenn wir hier von *rechtspopulistischen Parteien* sprechen.

Heute werden rechtsalternative Medien gerne als „Sprachrohre" rechtspopulistischer Parteien bezeichnet. Allerdings würde es zu kurz greifen, diese Publikationen einfach als klassische Parteimedien einzuordnen. Bei einzelnen Projekten handelt es sich tatsächlich um ausgewiesene Parteikanäle (z. B. *FPOE-TV, AfD-TV*). Bei einem weitaus größeren Teil sind es aber Medien, bei denen die Bezeichnung als „parteinah" eher passend ist. Obwohl diese Alternativmedien ideologische, personelle und/oder ökonomische Verbindungen zu einer rechten Partei aufweisen, haben sie eigenständige Strukturen und agieren somit durchaus autonom. Werfen wir dazu einen kurzen Blick auf die rechtsalternative Medienszene in Österreich und Deutschland:

Im Umfeld der FPÖ ist im vergangenen Jahrzehnt ein großes Netzwerk rechtsgerichteter Alternativmedien gewachsen. Eines der ersten Projekte war die 2009 gegründete Plattform *Unzensuriert*, die offiziell von einer GmbH betrieben wurde, deren Geschäftsführer der Büroleiter eines FPÖ-Politikers war. Ab 2015 entstanden in Österreich weitere rechtsalternative Medien, ihre Akteur:innen entstammten tendenziell dem rechtsextremen Vorfeldmilieu (*Info-DIREKT, Wochenblick, Die Tagesstimme*). Dennoch pflegt heute so gut wie jedes rechtsalternative Medium aus Österreich ein Naheverhältnis zur FPÖ, wie etwa die

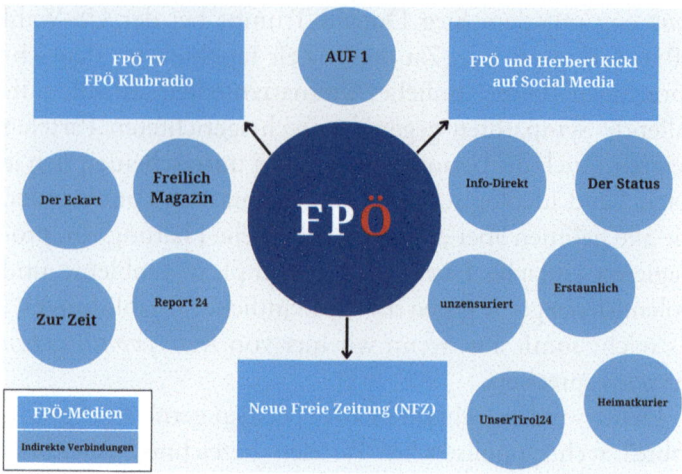

**Abb. 6.2** Das Medien-Netzwerk der FPÖ (Stand: März 2025). © MO-Magazin für Menschenrechte

Werbeinserate auf den jeweiligen Nachrichtenseiten deutlich machen. FPÖ-Mediensprecher Christian Hafenecker sprach bei einer AfD-Tagung 2020 von einer „strukturierten Vorgehensweise" mit einschlägigen Medien, um „sich gegenseitig zu helfen", etwa durch regelmäßige Treffen mit den Chefredakteur:innen (Abb. 6.2).

Auch in Deutschland hat sich rund um die AfD ein loyales Mediennetzwerk gebildet. Dazu zählen einige Alternativmedien, die erst in den letzten Jahren zu (in-)offiziellen Playern der AfD wurden. So übernahmen etwa die *Junge Freiheit* und *Compact* im Zuge der „Flüchtlingskrise" ab 2015 immer stärker die Positionen der Partei. Die vom ehemaligen rechtsextremen *Institut für Staatspolitik* (IfS) herausgebrachte *Sezession* war gegenüber der AfD längere Zeit durchaus skeptisch, betrachtete aber Björn Höcke, den Vorsitzenden der Thüringer Fraktion, schon bald als strategisch Verbündeten. Im Vergleich zu Österreich wirkt der AfD-Mediencluster ideologisch heterogener, wobei wir inzwischen zahlreiche Synergien beobachten können.

Außerdem werben die betroffenen Alternativmedien in der Praxis nicht ausschließlich für eine einzelne Partei. Ein gutes Beispiel hierfür war die bereits erwähnte *Compact*-Titelseite vom Dezember 2022. Obwohl das Magazin als zentrales Sprachrohr der AfD gilt, bewarb es die damalige Linken-Politikerin Sahra Wagenknecht mit der Schlagzeile „Die beste Kanzlerin. Eine Kandidatin für Links und Rechts". In Österreich attackiert das rechtsextreme *Info-DIREKT* immer wieder auch einzelne FPÖ-Politiker:innen, die aus Sicht des Mediums vom ideologischen Kurs abweichen. Angemessener erscheint daher der Ansatz des deutschen Kommunikationswissenschaftlers André Haller, rechtspopulistische Parteien und Alternativmedien in einer *symbiotischen Interdependenz* zu begreifen. Haller meint damit ein spezifisches Verhältnis aus wechselseitigen Beeinflussungen, Abhängigkeiten und inhaltlichen Orientierungen. Neben ökonomischen Verbindungen wird die „strategische Kopplung" zwischen rechtsalternativen Medien und ihnen nahestehenden Parteien derzeit auf mehreren Ebenen sichtbar:

- **Informationsaustausch.** Seit Längerem ist zu beobachten, dass rechte Politiker:innen bestimmten Alternativmedien einen exklusiven Zugang zu Informationen gewähren. Demgegenüber verweigern oder erschweren sie die Kommunikation mit seriösen Medien. Schon während der ersten Präsidentschaft Donald Trumps erhielten rechtsgerichtete Alternativmedien wie *Breitbart* oder *The Gateway Pundit* Zugang zu offiziellen Pressekonferenzen im Weißen Haus. Zudem wurde die Reihenfolge der Fragestellungen zum Nachteil traditioneller US-Medien geändert. Im deutschsprachigen Raum gibt es ebenfalls derartige Bestrebungen: Der AfD-Spitzenkandidat André Poggenburg verweigerte bei der Landtagswahl in Sachsen-Anhalt 2016 den etablierten Medien das Gespräch,

um stattdessen *Compact* ein Interview zu geben. Im September 2023 sagte der damalige FPÖ-Spitzenkandidat Herbert Kickl seine Teilnahme bei einem Diskussionsformat des Privatsenders *Puls24* ab, u. a. weil es sich um einen „linken Sender" handle. Nur kurz davor war er an der Seite von AfD-Spitzenkandidatin Alice Weidel exklusiv bei *AUF1* aufgetreten. Auch als Kickl die österreichischen Nationalratswahlen 2024 gewann, gab er dem Verschwörungskanal sein erstes Interview. Dadurch gelingt eine Aufwertung rechtsalternativer Medien, während die Ablehnung etablierter Medien gegenüber der eigenen Anhänger:innenschaft untermauert wird.
- **Personelle Überschneidungen.** Eine wechselseitige Abhängigkeit zeigt sich auch auf der personellen Ebene. Neben informellen Treffen können wir inzwischen mehrere Karrieren beobachten, die von der Tätigkeit bei einem Alternativmedium in eine politische Funktion mündeten (oder auch andersherum). Prominentes Beispiel hierfür ist der bereits erwähnte US-Publizist Stephen Bannon, der nach seiner Tätigkeit für *Breitbart* zum Berater Donald Trumps und später zum Chefstrategen im Weißen Haus aufstieg. In Österreich wurde Alexander Höferl, leitender Redakteur bei *Unzensuriert*, im Dezember 2017 Kommunikationschef im FPÖ-geführten Innenministerium. Umgekehrt war etwa der Geschäftsführer des mittlerweile eingestellten *Wochenblicks* zuvor FPÖ-Obmann auf lokaler Ebene. Beim Nachfolgeprojekt *Der Status* fungierte eine ehemalige Mitarbeiterin des FPÖ-Parlamentsklubs als Chefredakteurin. Und auch bei der *Jungen Freiheit* wurden einzelne Autor:innen der Zeitung später zu Funktionär:innen der AfD, wie Marcus Schmidt (Pressesprecher der AfD-Fraktion im Bundestag) und Ronald Gläsler (seit 2016 AfD-Abgeordneter im Berliner Abgeordnetenhaus).
- **Mediale Rezeption.** Wenig überraschend wird die Symbiose auch in der Darstellung des jeweiligen Gegenübers

sichtbar. Auf Seiten der Alternativmedien werden rechtspopulistische Parteien nahezu ausschließlich positiv rezipiert. Die geführten Interviews dienen hauptsächlich dazu, den Politiker:innen ein öffentliches Forum zu bieten, ohne sie mit kritischen oder heiklen Fragen zu konfrontieren. Auf Seiten rechtspopulistischer Parteien werden die wohlwollenden Beiträge gerne beworben bzw. weiterverbreitet, womit dem Alternativmedium wiederum Bekanntheit verschafft wird. So ergab im Jahr 2021 eine Untersuchung der britischen NGO *HOPE not hate*, dass gerade Social-Media-Accounts der AfD bei der Reichweite rechtsalternativer Medien eine wesentliche Rolle spielten. 14 von 20 der effektivsten Verbreiter ihrer Inhalte seien demnach Facebook-Profile der AfD. Für dieses wechselseitige Spiel hat sich in der Praxis der Begriff „Community-Pingpong" eingebürgert.

- **Publikum.** Das enge Verhältnis zwischen rechtspopulistischen Parteien und Alternativmedien drückt sich mittlerweile auch in der Leser:innenschaft aus. Eine Studie des österreichischen Meinungsforschungsinstituts *Gallup* und des *Medienhauses Wien* zeigt, dass 19 % der FPÖ-Sympathisant:innen ihre Informationen über die über die Nationalratswahl 2024 von alternativen Onlinemedien bezogen. Zum Vergleich: Bei den Sympathisant:innen der Grünen waren es bloß 5 %. Der bereits erwähnte FPÖ-Mediensprecher Hafenecker sprach in einem früheren Interview von einer gewissen „Deckungsgleichheit" zwischen den Leser:innen rechtsalternativer Medien und potenziellen Wähler:innen seiner Partei (Abb. 6.3).

Im Ergebnis können wir rechtsalternative Medien und rechtspopulistische Parteien als eigenständige Subjekte ansehen, die zwecks gemeinsamer (ideologischer) Ziele arbeitsteilig-solidarisch vorgehen. Auf dieser Grundlage müssen wir auch die Berichterstattung bzw. Schwerpunkt-

**Abb. 6.3** Nutzung alternativer Onlinemedien zur Information über die bevorstehende österreichische Nationalratswahl 2024, ausgewertet nach Sympathisant:innen einzelner Parteien (n = 586), in: Gallup Institut/Medienhaus Wien

setzung in den einschlägigen Medien analysieren: Welche Interessen einer nahestehenden Partei werden hier bedient? Auf welche Themen soll die Aufmerksamkeit gelenkt werden, welchem politischen Zweck dient eine tendenziöse Darstellung möglicherweise? Und vor allem: Worüber wird nicht berichtet?

## Ein Problem für die Demokratie?

Expert:innen diskutieren infolge der wachsenden Zahl rechtsalternativer Medien deren demokratiegefährdendes Potenzial. Zunächst sollten wir uns fragen, worin überhaupt das Problem liegt. Im politischen Kontext steht „rechts" für eine Position, die von sozialer Ungleichheit der Menschen ausgeht und somit eine gesellschaftliche Hierarchie befürwortet oder zumindest akzeptiert. Dabei handelt es sich – mit Ausnahme des Rechtsextremismus – um ideologische Standpunkte innerhalb des demokratischen Meinungsspektrums. Wenn frühere Alternativmedien überwiegend im Sinne linker Bewegungen berichteten, warum nicht jetzt auch für eine andere politische Strömung?

Ein erstes Problem besteht darin, dass die meisten heutigen rechtsalternativen Medien nicht bloß rechte Standpunkte beziehen, sondern in ihrer Berichterstattung fragwürdige Methoden etabliert haben. Neben parteipolitischer Propaganda stehen sie in der Kritik, Desinformation und Verschwörungstheorien zu verbreiten. „Desinformation" meint hier das bewusste Verbreiten von Informationen, die die Bevölkerung aus politischen oder wirtschaftlichen Interessen täuschen sollen. Ursprünglich geht der Begriff auf Einflusskampagnen fremder Staaten zurück und stellte ein Mittel der subversiven Außen- und Sicherheitspolitik dar (z. B. durch Geheimdienste). Mittlerweile wird Desinformation vermehrt als ein negatives Phänomen der Digitalisierung diskutiert. Seriöse *Faktencheck*-Formate oder Beurteilungen durch Presseräte zeigen uns, dass auch rechtsalternative Medien regelmäßig desinformative Inhalte verbreiten, etwa zu COVID19, dem Ukraine-Krieg oder der Klimakrise. Typische Methoden sind dabei eine irreführende oder bloß selektive Wiedergabe von Studien, Berichten etc. oder die Berufung auf unseriöse Quellen.

Zur Veranschaulichung, wie Desinformation in rechtsalternativen Medien funktioniert, dient ein besonders krasser Fall aus dem Jahr 2021: Der österreichische *Wochenblick* veröffentlichte damals einen Artikel mit der reißerischen Überschrift „2620 tote Babys nach Impfung und Berichte über schreckliche Nebenwirkungen". Der Beitrag verwies unter anderem auf eine „Studie" eines US-Instituts namens *Institute for Pure Applied Knowledge*, wonach Fehlgeburten nach einer COVID19-Impfung sieben- bis achtmal häufiger vorkommen würden. Zudem waren dem Beitrag verstörende Bilder von kranken und entstellten Babys beigefügt. Wenige Wochen später zeigte *Correctiv* in einem Faktencheck auf, dass das besagte Institut regelmäßig impfgegnerische Artikel mit Fehlinformationen veröffentliche und es sich um keine wissenschaftliche Studie handelte. Zudem gelang es *Correctiv*, die Mutter eines der abgebildeten Babys zu identifizieren und Kontakt zu ihr aufzunehmen. Die Betroffene zeigte sich schockiert über den Artikel und bestritt, dass die Erkrankungen ihres Kindes irgendetwas mit einer Corona-Impfung zu tun hätten. Der *Wochenblick* wurde wegen des Artikels später auch vom Österreichischen Presserat gerügt – es stehe außer Zweifel, „dass das Medium hier gezielt Ängste vor der COVID-Impfung schüren wollte, insbesondere bei Eltern und Schwangeren", so das Selbstkontrollorgan.

Eine „Verschwörungstheorie" ist hingegen der Versuch, ein Ereignis auf das konspirative Wirken einer kleinen Gruppe zurückzuführen. Im Kern einer Verschwörungstheorie geht es also immer darum, dass gesellschaftliche Prozesse von wenigen Personen im Geheimen gesteuert würden – sie werden daher oft als eine Art Ersatzreligion gedeutet. Im Unterschied zur Desinformation müssen sich Verbreiter:innen von Verschwörungsmythen aber nicht zwangsläufig im Klaren darüber sein, dass sie unwahre Inhalte verbreiten. In den vergangenen Jahren konnten wir beobachten, dass auch rechtsgerichtete Alternativmedien immer wieder Verschwörungserzählungen aufgriffen und in nachrichtenähnlicher Form verbreiteten. Beispielsweise wird in Zusammenhang mit der „Flüchtlingskrise" seit 2015 regelmäßig auf den Mythos vom „Großen Austausch" angespielt, wonach die weiße Mehrheitsbevölkerung in EU-Staaten durch Muslim:innen ersetzt werden solle. Und während der COVID 19-Pandemie bedienten zahlreiche Alternativmedien das Verschwörungsnarrativ rund um den *Great Reset*. Demnach hätte eine globale Wirtschaftselite die Pandemie geplant, um anschließend die Kontrolle in einer totalitären „Neuen Weltordnung" zu übernehmen.

Man könnte nun einwenden, dass trotz solch fragwürdiger Methoden die Bekanntheit und Reichweite rechtsgerichteter Alternativmedien nach wie vor verhältnismäßig gering ist. Aktuelle Untersuchungen deuten darauf hin, dass die wöchentliche Nutzung rechtsalternativer Medienangebote in der deutschen Bevölkerung im (unteren) einstelligen Prozentbereich liegt. Bislang gibt es im deutschsprachigen Raum auch kaum rechtsalternative Medien, die als Teil der etablierten bürgerlichen Öffentlichkeit betrachtet werden. Dennoch kann es ihnen auf indirektem Weg gelingen, die Gesellschaft zu beeinflussen oder ihre Themen auf die Mainstream-Agenda zu bringen. Der ehemalige Breitbart-Chef Stephen Bannon fasste seine Strategie schon vor mehreren Jahren so zusammen: „Die wahre Opposition sind die Medien. Der Weg, mit ihnen umzugehen, ist, die Zone mit Scheiße zu überfluten."

Rechtsalternative Akteur:innen dürften dazu beigetragen haben, dass die Debatte über Annalena Baerbocks Lebenslauf zu einem zentralen Thema des Bundestagswahlkamps 2021 wurde. Auch im Zuge der US-Präsidentschaftswahl 2016 griffen Massenmedien wie *Fox News* Gerüchte über Hillary Clinton auf, die zunächst in kleinen dubiosen Medien verbreitet worden waren. Hier spielen rechtsalternative Medien also eine nicht zu unterschätzende Rolle dabei, fragwürdige Kampagnen gegen politische Gegner:innen zu starten oder zu befördern. Ein derzeit beliebtes Mittel sind Beiträge über „Plagiatsvorwürfe" gegen unliebsame Personen, die anschließend ihren Weg in die breitere Öffentlichkeit finden können. Anfang 2024 wurde bekannt, dass *NIUS* ein privates Plagiatsgutachten gegen eine Redakteurin der *Süddeutschen Zeitung* sogar selbst finanziert hatte.

Zudem schaffen es rechtsalternative Medien immer wieder, dass ihre Themenschwerpunkte bzw. *Wordings* von Parteien und sonstigen Multiplikator:innen übernommen werden. Eine aktuelle Studie der deutschen Politikwissenschafter Curd Knüpfer und Matthias Hoffmann zeigt, dass spezifische Begriffe zum Klimawandel zunächst auf rechtspopulistischen Nachrichtenseiten auftauchten, ehe sie in Social-Media-Postings der AfD verwendet wurden (z. B. „Greta-Jünger"; „Klimasekte"). Daneben können auch Mainstream-Medien bestimmte Feindbilder oder Begriffe rechtsalternativer Medien übernehmen und sich ihnen – ob bewusst oder unbewusst – thematisch angleichen. Diesbezügliche Tendenzen finden wir bei der *Neuen Zürcher Zeitung*, *Cicero* oder der *Welt*.

Ein wesentlicher Grund für diesen Erfolg rechtsalternativer Player dürfte auch in ihrer transnationalen Vernetzung liegen. Im digitalen Raum können wir hier eine koordinierte Vorgehensweise erkennen: Obwohl die Anzahl der Akteur:innen bislang überschaubar ist, werden die einzelnen Postings in den sozialen Medien oft untereinander geteilt, kommentiert, usw. Mithilfe der gegenseitigen Unterstützung gelingt es rechtsgerichteten Alternativmedien, ihren Beiträgen entsprechend hohe Interaktionen und somit Reichweite auf den sozialen Plattformen zu verschaffen. Die Vernetzung zeigt sich auch in den Artikeln durch regelmäßige Verweise auf nahestehende Publikationen oder auf der personellen Ebene (z. B. gemeinsame Autor:innen, gemeinsame „Expert:innen" etc.). Der deutsche Politikberater Johannes Hillje sieht im Netzwerk rechtsalternativer Medien einen wichtigen Bestandteil der heutigen Medienstrategie des Rechtspopulismus, die er als „Propaganda 4.0" definiert (Abb. 6.4).

Aufgrund der Vernetzung ist mittlerweile von einem „Paralleluniversum" rechtsalternativer Medien die Rede. De facto haben wir es mit einer medialen Echokammer zu tun, aus der einige Leser:innen nur noch schwer herausfinden dürften. Während der Pandemie wurde vermehrt darü-

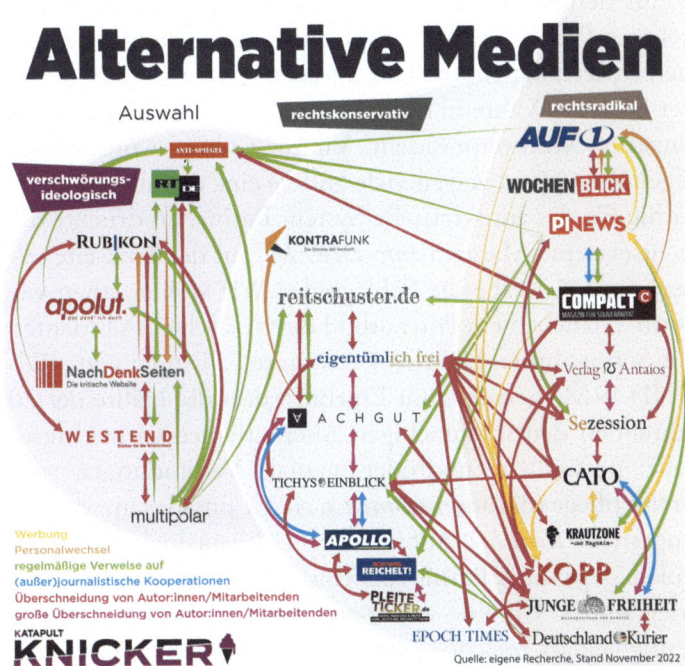

**Abb. 6.4** Vernetzung rechtsgerichteter „Alternativmedien" (Stand: November 2022) © KATAPULT-Magazin

ber diskutiert, in welchem Ausmaß sich Corona-Skeptiker:innen bloß noch über fragwürdige Medienangebote informieren würden. Welche Auswirkungen hat ein solcher Medienkonsum auf die:den Einzelne:n? Aufschlussreich ist hier das Buch „Anderswelt" des deutschen Medienmanagers Hans Demmel, der in einem Selbstversuch sechs Monate lang ausschließlich rechtsalternative Medien konsumiert hat (u. a. *Tichys Einblick, Compact, Junge Freiheit*). Demmel resümiert, dass der Selbstversuch seine Wahrnehmung erheblich verändert habe, insbesondere was das Misstrauen gegen jede Veröffentlichung bzw. etablierte Medien betrifft – „wer dies glauben will, weil es seinen eigenen Meinungskorridor widerspiegelt, sitzt in der Falle".

Aus demokratietheoretischer Sicht ergibt sich noch ein weiteres Problem: Deutschsprachige rechtsalternative Medien agieren zunehmend als Sprachorgane autoritär geführter Staaten. Während rechtskonservative Alternativmedien Ungarns Ministerpräsident Viktor Orbán wohlwollend gegenüberstehen, zeigen viele andere eine auffallende Sympathie für das autokratische System Putins. So druckte das rechtsextreme Magazin *Info-DIREKT* auf der Titelseite seiner ersten Ausgabe die Schlagzeile „Wir wollen einen wie Putin", daneben ein Portraitbild des russischen Präsidenten mit Sonnenbrille. Die zuvor erwähnte Fallstudie von „RUSINFORM" gelangt zum Ergebnis, dass die Hälfte der 20 führenden deutschsprachigen Alternativmedien institutionelle, persönliche und/oder mediale Verbindungen zum Kreml pflege (darunter *Compact*, *AUF1* und das inzwischen eingestellte *KenFM*). Auf inhaltlicher Ebene hielt das Wohlwollen gegenüber Putins Russland auch nach dem Angriffskrieg auf die Ukraine weiter an. Bislang ist aber nicht eindeutig geklärt, welche rechtsalternativen Medien von autokratischen Staaten bewusst instrumentalisiert werden.

Die heutigen rechtsgerichteten Alternativmedien stellen unsere Demokratien also tatsächlich vor mehrere Herausforderungen. Erstens verbreiten sie tendenziöse, desinformative oder gar verschwörungstheoretische Inhalte, die wenig mit seriöser Berichterstattung zu tun haben. Zweitens haben sich rechtsalternative Medien in den vergangenen Jahren gut organisiert und vernetzt, womit ihre Themen und Wordings immer wieder die breite Öffentlichkeit erreichen. Drittens darf auch angenommen werden, dass rechtsalternative Medien auf die Weltanschauungen ihrer Leser:innen einen nicht unerheblichen Einfluss ausüben. Wie also kann man der aktuellen Dominanz rechtsgerichteter Alternativmedien in einer Demokratie begegnen? Um diese Frage geht es im letzten Kapitel.

# 7

# Fazit und Lösungen

**Zusammenfassung** Alternative Medien sind mit einer gewissen Ambivalenz zu sehen: Einerseits können sie für einen Ausgleich im öffentlichen Medien- und Meinungsspektrum sorgen. Anderseits missachten sie heute oft journalistische Prinzipien und zerstören das Vertrauen in demokratische Prozesse. Es stellt sich die Frage, wie die Gesellschaft auf den aktuellen Anstieg Alternativer Medien angemessen reagieren kann.

In diesem Buch haben wir aufgezeigt, dass der Begriff „Alternativmedien" ganz unterschiedliche Phänomene erfasst. Die erste Gründungswelle Alternativer Medien im deutschsprachigen Raum geht auf die 1960er-Jahre zurück und stand in Zusammenhang mit den gesellschaftlichen Umbrüchen der „68er-Bewegung". In den darauffolgenden Jahrzehnten setzten auch andere linksstehende Gruppierungen vermehrt auf Alternative Medien, so etwa auf lokale „Stattzeitungen" oder freie Radiosender. Mit dem Aufkommen von Social Media gelang es hingegen der politischen Rechten, den Begriff „Alternativmedium" zu vereinnahmen. Die Digitalisierung hat außerdem dazu geführt, dass die Formate und Organisationsstrukturen Alternativer Medien heute vielfältiger sind als noch im 20. Jahrhundert.

Weiter zeigt sich, dass Alternative Medien immer als Reaktion auf vermeintliche Missstände im professionellen Journalismus entstehen: Studierende der „68er-Bewegung" sahen ihre Positionen, insbesondere die Kritik an Kapitalismus und US-Imperialismus, nicht ausreichend berücksichtigt und betrachteten speziell die deutsche Boulevardpresse als politischen Gegner. Ihre eigenen Zeitungen dienten ihnen als Gegenöffentlichkeit zum damals vorherrschenden Diskurs in der Gesellschaft. Ähnliche Phänomene konnten wir auch in jüngerer Vergangenheit beobachten: Sowohl im Zuge der „Flüchtlingskrise" wie auch in der Coronapandemie wurde den traditionellen Leitmedien vorgeworfen, dass sie einseitig berichteten. Beide Ereignisse ließen die Zahl von Medienangeboten ansteigen, die eine alternative Sichtweise vermittelten und dabei vor allem die Mainstream-Medien kritisierten. In diesem Sinne können wir Alternativmedien auch als *reaktiv* bezeichnen.

Aus neutraler Sicht dienen Alternativmedien somit als ein Korrektiv, das hegemoniale Positionen in Frage stellt und zum Ausgleich eine Gegenöffentlichkeit herstellt. Denn bei gesellschaftlichen Ereignissen bzw. Zäsuren kann in der Bevölkerung ein mehrheitlicher Konsens entstehen, der sich auch in den etablierten Medien entsprechend abbildet. Nehmen wir zur Veranschaulichung nochmals die Corona-Pandemie als Beispiel: Als sich im März 2020 das neuartige Virus weltweit rasant ausbreitete, gab es bei einem großen Teil der Bevölkerung schnellen Konsens – besonders vulnerable Personengruppen seien zu schützen, weshalb auch drastische staatliche Eingriffe wie Ausgangsbeschränkungen legitim wären, so die damalige Mehrheitsmeinung. In einem Großteil der etablierten Medien waren Expert:innen präsent, die Lockdowns zur Eindämmung von COVID19 begrüßten. In einem derartigen Moment entsteht in der (medialen) Öffentlichkeit ein Vakuum, das von Alternativmedien gefüllt werden kann: Sind mit den staatlichen Eingriffen nicht auch autoritäre Tendenzen verbunden? Wären andere Schutzmaßnahmen gegen das Virus nicht sinnvoller, beispielsweise die Isolierung besonders vulnerabler Gruppen?

In diesem Sinne können Alternative Medien zunächst als Ausdruck von Meinungs- und Medienvielfalt verstanden werden. Eine Kritik an Regierenden, staatlichen Maßnahmen oder dem Kapitalismus ist nicht antidemokratisch, sondern in einer pluralistischen Gesellschaft geboten. Das gilt auch für Diskussionen über mögliche negative Folgen einer liberalen Migrationspolitik, über das Spannungsfeld von individueller Freiheit und dem Gemeinwohl bei COVID19 oder über die Vor- und Nachteile von Waffenlieferungen an die Ukraine. Ebenso dient eine fundierte Medienkritik als wichtiges Korrektiv zur etablierten Medienbranche und wird derzeit speziell von Alternativmedien seriös betrieben, wie uns etwa die Formate *Übermedien* und *Kobuk* zeigen. Kurzum: Alternative Medien sind aus demokratiepolitischer Perspektive wünschenswert und sorgen regelmäßig für einen Ausgleich im öffentlichen Meinungsspektrum.

Allerdings werden derartige Gegenöffentlichkeiten heute oft nicht (mehr) mit fairen Mitteln hergestellt, sondern durch gezielte Propaganda und die Missachtung medienethischer Prinzipien. Auch das ist nicht unbedingt ein neues Phänomen – schon immer waren Alternative Medien stark parteiisch oder aktivistisch geprägt. Es ging ihnen weniger um objektive Berichterstattung als um eine Veränderung der politischen Verhältnisse, wenn wir etwa an die Studierendenzeitungen in der BRD zurückdenken. Allerdings bietet die Digitalisierung neue manipulative bzw. weitaus aggressivere Möglichkeiten, um die Bevölkerung mit vermeintlichen Nachrichteninhalten zu verunsichern. Speziell rechtsalternative Medien nutzen solche Methoden, wie wir im vorherigen Kapitel analysiert haben. Deshalb wird aktuell vorwiegend das demokratieschädliche Potenzial Alternativer Medien diskutiert.

## Neuer Begriff?

Widmen wir uns nochmals der Frage, ob der Begriff „Alternativmedium" heutzutage überhaupt noch passend ist. Am Anfang des Buchs haben wir angemerkt, dass die Bezeichnung von vielen kritisch gesehen wird. Unter „Medien" verstehen viele Menschen nach wie vor journalistische Formate, die professionelle bzw. berufsethische Standards einhalten. Beispiele dafür sind eine gründliche Recherche, Ausgewogenheit, die Trennung von Fakten und Kommentar, die Wahrung der Menschenwürde oder das Verbot von diskriminierenden Inhalten. Diese Prinzipien finden wir heute in zahlreichen Regelwerken der *Selbstkontrolle*, beispielsweise im Pressekodex des Deutschen Presserats, in Redaktionsstatuten oder auch in medienwissenschaftlichen Lehrbüchern. Sie tragen dazu bei, die Unabhängigkeit und Glaubwürdigkeit des Journalismus abzusichern.

Ein großer Teil der heutigen Alternativmedien erfüllt derartige Standards nicht oder nur unzureichend, insbesondere was die Desinformation und Propaganda rechter Portale betrifft. Dieser Befund wird auch untermauert durch zahlreiche Beurteilungen von repräsentativen Selbstkontrollorganen. So zeigt ein Blick auf die Entscheidungspraxis des Österreichischen Presserats, dass dieser in den letzten Jahren den rechtsalternativen *Wochenblick* regelmäßig wegen gravierender Verstöße gegen das Genauigkeitsgebot und Diskriminierungs-

## 7 Fazit und Lösungen

verbot gerügt hat. Auch etablierte Medien distanzieren sich von Alternativmedien gerne unter Verweis auf die Einhaltung berufsethischer Standards. Als etwa der frühere deutsche Finanzminister Christian Lindner seinen Auftritt bei *NIUS* mit einem vorherigen Interview bei der *taz* rechtfertigte, folgte ein öffentlicher Brief der *taz*-Chefredakteurinnen, wonach das eigene Medium – im Gegensatz zu *NIUS* – „nach presseethischen Grundsätzen" arbeite.

Ein sinnvoller Ansatz wäre es daher, in Zukunft von *journalistischen* und *nichtjournalistischen Medien* zu sprechen – unabhängig davon, ob es sich um ein Mainstream- oder ein Alternatives Medium handelt. Das scheint schon deshalb angebracht, um den Journalismus als Profession weiterhin zu schützen. Denn in einer Demokratie kommt ihm aufgrund seiner „Watchdog"-Funktion eine besondere Bedeutung zu: Seine wesentlichen Aufgaben – Herstellung von Öffentlichkeit, Aufklärung und Kontrolle – wecken beim Publikum besondere Erwartungen, sodass Journalismus von anderen publizistischen Formen streng abzugrenzen ist. Zur Erreichung seiner Ziele genießt der Journalismus außerdem Privilegien, insbesondere die grundrechtlich gewährleistete Pressefreiheit. Doch warum erscheint eine Abgrenzung von journalistischen zu nichtjournalistischen Medien gerade heute notwendiger als früher?

Wie bereits erläutert, hat die Digitalisierung zu einer riesigen Anzahl an Medienangeboten bzw. nachrichtenähnlichen Produkten geführt. Vor allem auf sozialen Plattformen haben es Nutzer:innen zunehmend schwer, zwischen seriösen und nichtseriösen Formaten zu unterscheiden. Auch hier dient COVID19 nochmals als Beispiel. Im Laufe der Pandemie bezogen immer mehr Leute ihre Informationen über soziale Kanäle. Speziell *Telegram* wurde dabei zu einer wichtigen Plattform für dubiose Beiträge von Alternativmedien, etwa über eine angebliche „Plandemie" oder schwere Impfschäden durch die mRNA-Impfung. In der

Zukunft bräuchte es also in der gesamten Gesellschaft mehr Medienkompetenz bzw. ein fundiertes Wissen darüber, was journalistische Standards sind und was nicht. Es ist das, was der deutsche Medienwissenschaftler Bernhard Pörksen als Vision einer „redaktionellen Gesellschaft" beschreibt.

## Die Rolle von Politik, Medien und Zivilgesellschaft

Sofern eine Unterscheidung in journalistische und nichtjournalistische Medien gelingt, können wir auch den demokratischen Nutzen eines Alternativen Mediums besser einordnen: Welche Art von Publizistik wollen wir in der Demokratie fördern und welche nicht? Bei vielen rechtsalternativen Onlinemedien geht es nicht mehr um (berechtigte) Kritik an demokratischen Institutionen und Prozessen, sondern um deren radikale Delegitimierung. Durch Propaganda, Desinformation und Verschwörungsmythen schaffen sie mediale Parallelwelten und tragen damit zur Polarisierung und Spaltung unserer Gesellschaft bei. In diesen Parallelwelten dienen etwa Corona-Maßnahmen dem Aufbau einer „Coronadiktatur", Klimaforschung wird zum „Klima-Schwindel" oder unabhängige Medien zur „System-" und „Lügenpresse".

Hinzu kommt, dass Alternative Medien trotz fragwürdiger Berichterstattung auch in der politischen Mitte durchaus salonfähig werden. Bekanntlich treten viele rechtspopulistische Politiker:innen mittlerweile bevorzugt bei parteinahen Kanälen auf, während sie die Kommunikation mit seriösen Medien zurückfahren. Allerdings können wir dieses Phänomen zunehmend auch bei Akteur:innen aus dem bürgerlichen Milieu beobachten, wie die regelmäßigen Auftritte konservativer Politiker:innen bei umstrittenen Portalen wie *NIUS* und *eXXpress* zeigen. Es besteht derzeit also eine gewisse Gefahr, dass sich demokratische Kräfte ebenfalls vor kritischen Medien verschließen und bevorzugt hyperparteiischen Alternativmedien zuwenden. Befassen wir uns daher zuletzt mit der Frage, wie Politik, Medien und Zivilgesellschaft auf den Anstieg Alternativer Medien reagieren sollten.

Werfen wir zunächst einen Blick auf die Rolle seriöser Medien bei der Berichterstattung über Alternative Medien. Lange Zeit wurden diese als Thema eher vernachlässigt. Das liegt zum einen daran, dass medienjournalistische Formate in unseren Massenmedien nach wie vor die Ausnahme darstellen bzw. als bloß branchenintern relevant gelten. Insgesamt gibt es daher nur wenige Rubriken, in denen regelmäßig über Entwicklungen in der Alternativen Medienszene berichtet wird. Zum anderen dürften Alternativmedien von etablierten Medien auch als potenzielle Konkurrenz gesehen werden, weshalb man ihnen nicht unnötig viel Aufmerksamkeit schenken will. Obwohl es gegen digitale Propaganda mittlerweile effektive Strategien wie Faktenchecks oder *Debunking* gibt, überlässt man diese vorwiegend „Nischenmedien" bzw. anderen Alternativen Medien (z. B. *Volksverpetzer, Mimikama*).

Im sechsten Kapitel haben wir jedoch gesehen, dass speziell zwischen rechten Parteien und einschlägigen Alternativmedien ein symbiotisches Verhältnis besteht, womit diese Publizistik de facto ein Thema der (Innen-)Politik darstellt. Journalistischen Medien käme also die Aufgabe zu, derartige Alternativmedien im politischen Kontext einzuordnen und deren Motivationen für die Leser:innenschaft transparent zu machen. Dabei erscheint es sinnvoll, insbesondere die Akteur:innen der Alternativmedien stärker zu beleuchten: Welchen politischen Institutionen stehen die Publizist:innen und Finanziers nahe? Welche Interessen bedienen sie? Zusätzlich sollte auch die Verantwortung der Politik im Umgang mit fragwürdigen Alternativen Medien stärker thematisiert werden – mehr dazu unten.

Die Politik müsste künftig in zweierlei Hinsicht verantwortungsvoller mit Alternativmedien umgehen. Dies betrifft einerseits staatliche Medienförderungen, die in einer liberalen Demokratie ausschließlich an Medien gehen sollten, die journalistische (Mindest-)Standards einhalten. So kamen in Österreich extrem rechte Publikationen wie der *Wochenblick* oder *Zur Zeit* immer wieder in den Genuss staatlicher Gelder, sei es durch Werbeinserate oder weil sie bestimmte gesetzliche Voraussetzungen erfüllten. In Zeiten der Digitalisierung wären präzise Förderkriterien notwendig, die sich ausschließlich an journalistischen Qualitätsstandards orientieren, etwa der Mitgliedschaft in einem repräsentativen Selbstkontrollorgan. Anderseits trifft jede:n politisch:en Akteur:in eine Verantwortung, lediglich halbwegs seriösen Medien Aufmerksamkeit und Reichweite zu verschaffen. In den letzten Jahren konnte man immer wieder beobachten, dass Politiker:innen bei teils dubiosen Medien auftraten, obwohl diese von Expert:innen zuvor scharf kritisiert worden waren. Hier sollten auch seriöse Medien stärker in die Pflicht genommen werden, politische Akteur:innen mit ihren Auftritten bei fragwürdigen Alternativmedien konsequent zu konfrontieren.

Schließlich ist es Aufgabe der Zivilgesellschaft, ein entsprechendes Gleichgewicht der alternativen Publizistik insgesamt herzustellen. Im deutschsprachigen Raum dominieren die rechtsgerichteten Alternativmedien derzeit deutlich, sowohl was ihre Anzahl als auch die Reichweite betrifft. Die Empfänger:innen ihrer Botschaften sind nicht nur am rechten Rand des politischen Spektrums angesiedelt, sodass in einer Radikalisierung der Mitte die eigentliche Gefahr liegt. Wie also könnte man den autoritären und demokratiefeindlichen Tendenzen durch Alternative Medien Vorschub leisten? Als Lösung wird oft die Rolle des traditionellen bzw. seriösen Journalismus betont, der sich besser erklären müsse, um so wieder attraktiv für das Medienpublikum zu

## 7 Fazit und Lösungen

sein. Das ist zwar richtig, kann jedoch bloß als ein Teil der Problemlösung gesehen werden. Denn Alternativmedien sind für die Bevölkerung auch deshalb interessant, da sie bewusst als Opposition zur hegemonialen Öffentlichkeit auftreten – sowohl durch ihre Inhalte als auch durch ihre Aufmachung, die nicht selten auf Emotionalisierung oder Empörung abzielt. Zudem kann die Verbreitung von Desinformation und Verschwörungsmythen gemeinschafts- bzw. identitätsstiftend sein, weil es in der Regel eine:n konkrete:n Gegner:in gibt, so etwa die „korrupten Eliten", die „Lügenpresse" etc. Die vermeintliche Zugehörigkeit zu einer Community kann einen wesentlichen Einfluss auf die Nutzung desinformativer und propagandistischer Inhalte haben. Ergo können auch Faktenchecks oder seriöse Recherchen oft wenig dazu beitragen, dass Leser:innen sich von dubiosen Alternativmedien abwenden. Eine wesentliche Aufgabe der Zivilgesellschaft liegt somit in den nächsten Jahren darin, für die Konsument:innen fragwürdiger Formate ein attraktives Gegenangebot zu schaffen.

Es ist nachvollziehbar, dass diese Forderung bei vielen zunächst auf Irritation stoßen dürfte: Sollte es nicht ausschließlich die Aufgabe des seriösen Journalismus sein, demokratische Gesellschaften mit Nachrichteninhalten zu versorgen? Man könnte sogar eine Gefahr für den Journalismus sehen, wenn nun auf der Gegenseite weitere Alternative Medien auftauchen. Allerdings negiert man dabei den Umstand, dass unsere öffentliche Kommunikation inzwischen hauptsächlich über soziale Plattformen wie *Facebook*, *X* oder *YouTube* erfolgt. Die dortige Nachrichtenverbreitung funktioniert über wenig transparente Algorithmen, die affekterzeugende und polarisierende Inhalte bevorzugen – seriöse journalistische Berichte sind hier klar im Nachteil. Die jüngsten Entwicklungen in den USA geben wenig Anlass zur Hoffnung, dass die Mechanismen sozialer Plattformen in absehbarer Zeit geändert werden. Wir müssen daher der Realität ins Auge sehen, dass Medieninhalte derzeit vorrangig über Plattformen verbreitet werden, die nach Spielregeln der Aufmerksamkeit und Propaganda funktionieren.

Hinzu kommt, dass autoritäre Kräfte mittlerweile auch in westlichen Demokratien auf dem Vormarsch sind. Die politischen Entwicklungen sowohl in den USA als auch in vielen EU-Staaten zeigen uns, dass immer mehr Wähler:innen autoritären Vorstellungen anhängen oder diese zumindest in ihrem Wahlverhalten unterstützen. Mit dem Aufstieg extrem rechter Politiker:innen ist außerdem nicht auszuschließen, dass auch die ihnen nahestehenden Medien irgendwann Teil des Mainstreams werden – so fordert die FPÖ inzwischen offen staatliche Förderstrukturen zur „Entwicklung und Etablierung alternativer Medienkanäle". Gerade hier entsteht für zivilgesellschaftliche Akteur:innen aber die Chance, eigene neue Medienkanäle aufzubauen, die zu den rechtsalternativen Angeboten in Konkurrenz treten und autoritäre Narrative bekämpfen. Journalist:innen können diese Aufgabe nur bedingt erfüllen, weil eine allzu aktivistische Ausrichtung ihre Glaubwürdigkeit gefährden würde.

Dass der Aufbau digitaler Gegenöffentlichkeiten auch anderen (politischen) Lagern gelingen kann, zeigen uns zwei Beispiele aus der jüngeren Vergangenheit: Im brasilianischen Präsidentschaftswahlkampf 2022 entschied sich das Team des linken Kandidaten Lula da Silva zu einer neuen Social-Media-Strategie. Erklärtes Ziel war es, berüchtigte Methoden des amtierenden Präsidenten Jair Bolsonaro zu übernehmen. Denn in den Jahren zuvor hatte auch Bolsonaro eine mediale Paralleloffentlichkeit aufgebaut, die nicht mehr durch seriöse Berichterstattung oder Faktenchecks durchbrochen werden konnte. Lulas neuer Social-Media-Chef setzte neben eigenen Medienformaten auf deftige Memes, reißerische Videos und verkürzte Zitate, die Bolsonaro erstmalig in die Defensive brachten. Obwohl die Wahlkampfstrategie aus demokratiepolitischer Sicht kritisch bewertet wurde, gewann Lula letztlich die Wahl.

Ein anderes Beispiel ist das österreichische Onlinemedium *ZackZack*, das 2019 vom ehemaligen Grünen-Politiker Peter Pilz gegründet wurde. Das Medium startete zunächst mit dem Anspruch, das digitale Feld nicht allein FPÖ-nahen Alternativmedien zu überlassen. Durch eine starke Social-Media-Präsenz und einen provokanten Stil gelang es *ZackZack* in relativ kurzer Zeit, Reichweite aufzubauen und dabei auch ein FPÖ-affines Publikum anzusprechen. Unter Bundeskanzler Sebastian Kurz positionierte sich *ZackZack* außerdem als Opposition zu Österreichs bürgerlicher Medienlandschaft. So gelang es dem Onlinemedium immer wieder, die politische Debatte zu beeinflussen, etwa durch die Veröffentlichung privater Chatnachrichten von Spitzenbeamt:innen. Obwohl das Medium mittlerweile zahlreiche Stellen abgebaut hat, wurde es eine Zeit lang als wirksame Gegenöffentlichkeit angesehen.

Kurzum: Es benötigt eine „Alternative zur Alternative", wenn man dem aktuellen Aufstieg rechtsalternativer Medien etwas entgegensetzen will. An der Stelle ist nochmals anzumerken, dass es auch heute eine Vielzahl Alternativer Medienangebote gibt, die nicht dem rechten Spektrum zuzuordnen sind. Allerdings haben es jene Player bislang nicht geschafft, ein mediales „Ökosystem" aufzubauen, wie es in den letzten Jahren rechtsalternativen Medien gelungen ist. Dies dürfte mitunter auch an der fehlenden Vernetzung liegen – bei den meisten progressiven Alternativmedien handelt es sich eher um Einzelkämpfer:innen, eine koordinierte Zusammenarbeit besteht bis dato nur in Ansätzen. Ob in der Zukunft auch der Aufbau eines progressiven Alternativen Medienimperiums gelingt, bleibt abzuwarten.

# 8

# Epilog

Als Donald Trump die US-Präsidentschaftswahl 2024 gewann, spielte *Breitbart* keine exklusive Rolle mehr. Mittlerweile existiert in den USA ein „alternatives Medienuniversum", das während des Wahlkampfs im Sinne der MAGA-Bewegung propagandistisch aktiv war. Laut Beobachter:innen dürften es diesmal aber Podcasts gewesen sein, die Trump den Wahlsieg beschert haben, beispielsweise durch seinen Auftritt bei *The Joe Rogan Experience*. Es stellt sich somit die Frage, ob Alternative Nachrichtenseiten in einigen Jahren für rechtspopulistische Parteien noch von ähnlich großer Bedeutung sein werden. Ein Grund hierfür sind auch die rasanten Entwicklungen im Bereich Künstlicher Intelligenz (KI). So setzte etwa die AfD bei den jüngsten Wahlkämpfen bereits vermehrt auf KI-generiertes Videomaterial, das gezielt auf den sozialen Plattformen verbreitet wurde. Ungeachtet dessen ist die derzeit große Anzahl Alternativer Nachrichtenmedien ein guter Anlass, um über die Rolle von Medien in der Demokratie zu diskutieren: Was kennzeichnet seriösen Journalismus, den es im digitalen Zeitalter zu bewahren gilt? Und welche Medienangebote sollten in einer demokratischen Gesellschaft gefördert werden? Es sind Fragen, die uns in den kommenden Jahren intensiv beschäftigen dürften.

# Zum Weiterlesen

## Literatur

**Demmel, Hans (2021). Anderswelt. Ein Selbstversuch mit rechten Medien, begleitet von Friedrich Küppersbusch. München: Kunstmann.**
Aufschlussreicher Bericht über die Wirkungsweise rechtsgerichteter Alternativmedien in Form eines sechsmonatigen Selbstversuchs.

**Hooffacker, Gabriele (2009). Bürgermedien, Neue Medien, Medienalternativen. 10 Jahre Alternativer Medienpreis. München: Verlag Dr. Hooffacker.**
Sammelband zur Geschichte Alternativer Medien in der BRD, u. a. mit Beiträgen zu lokalen Stadtzeitungen (Tichy/Werner), freien Radios (Macher) und linksalternativen Medien vor und nach der Internetrevolution (Hüttner/Nitz).

**Kast, Matthias (2024). Protestplätze, Partizipationsräume, Parallelwelten. Wissenschaftliche Betrachtung und aktuelle Bewertung von Alternativmedien. Bamberg: University of Bamberg Press.**
Theoretische Analyse zu wichtigen Definitionen und Konzepten alternativer Öffentlichkeiten in den Kommunikationswissenschaften.

**Schwaiger, Lisa (2022). Gegen die Öffentlichkeit. Alternative Nachrichtenmedien im deutschsprachigen Raum. Bielefeld: transpricт Verlag.**
Umfassende Bestandsaufnahme und typologische Einordnung alternativer Nachrichtenseiten im deutschsprachigen Raum.

**Schweiger, Wolfgang (2017). Der (des)informierte Bürger im Netz. Wie soziale Medien die Meinungsbildung verändern. Wiesbaden: Springer.**
Gut lesbares Sachbuch zu den Auswirkungen von Social Media auf unsere Gesellschaft mit eigenem Kapitel zu Alternativen Medien und Bürger:innenjournalismus.

## Beiträge in Fachzeitschriften

**Haller, André (2018). Symbiotische Interpendenzen. Rechtspopulismus und politische Alternativpublizistik. In: Communicatio Socialis, Jg. 51, H. 2, S. 143–153.**
Aufsatz über das Verhältnis rechtspopulistischer Politiker:innen und Alternativer Medien anhand empirischer Beobachtungen in den USA und in Deutschland.

**Hooffacker, Gabriele (2020). Copycats oder innovativ und integrativ? Ein Vorschlag zur Beurteilung von „Alternativmedien". In: Journalistik, Jg. 3, H. 3, S. 250–262.**
Debattenbeitrag zur Einordnung Alternativer Medien mithilfe eines eigenen Kriterienkatalogs.

Linden, Markus (2024). Der Aufstieg der Mosaik-Rechten. Negative Öffentlichkeit und die Zukunft der Demokratie. In: Blätter für deutsche und internationale Politik, Jg. 69, H. 6, S. 69–80.
Aufsatz über das Konzept der heutigen „Mosaik-Rechten" und die Bedeutung rechtsalternativer Medien.

Paulitsch, Luis (2024). „Konsortium der System-Propagandisten". Rechtsextreme Publizistik und Medien-Selbstkontrolle am Beispiel von Österreich. In: ZRex, Jg. 4, H. 1, S. 23–42.
Empirische Untersuchung der Entscheidungspraxis des Österreichischen Presserats bezüglich rechtsgerichteter Medien.

Paulitsch, Luis (2024). Gegenerzählungen für „Selberdenker". Ein Versuch der Einordnung von „Alternativmedien" im konservativen Spektrum. In: Journalistik, Jg. 7, H. 2, S. 211–219.
Essay zu Alleinstellungsmerkmalen rechtskonservativer Alternativmedien am Beispiel von *Tichys Einblick*, *eXXpress* und *NIUS*.

## Englischsprachige Forschung

Beseler, Arista/Toepfl, Florian (2024). Conduits of the Kremlin's Informational Influence Abroad? How German-Language Alternative Media Outlets Are Connected to Russia's Ruling Elites. In: The International Journal of Press/Politics, Online First.
Empirische Fallstudie zu Verbindungen zwischen deutschsprachigen Alternativmedien und russischen Eliten.

Holt, Kristoffer/Figenschou, Tine Ustad/Frischlich, Lena (2019). Key Dimensions of Alternative News Media. In: Digital Journalism, Jg. 7, H. 7, S. 860–869.

Derzeit wichtigster Beitrag zur Konzeptualisierung Alternativer Nachrichtenmedien in Opposition zum klassischen Journalismus.

**Klawier, Tilman (2024). How many people use alternative media in Germany and how can we measure it? In: Journal of Quantitative Description: Digital Media, H. 4, S. 1–36.**

Untersuchung der Reichweite von Alternativmedien anhand der Ergebnisse 34 bisheriger deutscher Erhebungen zur Nutzung alternativer Medien.

**Knüpfer, Curd/Hoffmann, Matthias (2025). Countering the „Climate Cult" – Framing Cascades in Far-Right Digital Networks, In: Political Communication, Jg. 42, H.1, S. 85–107.**

Studie zur Beeinflussung der Kommunikation der AfD durch rechtspopulistische Netzwerke, hier am Beispiel des Wordings über den Klimawandel.

**Steppat, Desiree/Castro, Laia/Esser, Frank (2023). What News Users Perceive as ‚Alternative Media' Varies between Countries: How Media Fragmentation and Polarization Matter. In: Digital Journalism, Jg. 11, H. 5, S. 741–761.**

Länderübergreifende Untersuchung, welche Nachrichtenseiten von den Nutzer:innen als alternativ wahrgenommen werden.

**Vogler, Daniel/Rauchfleisch, Adrian/Schwaiger, Lisa (2024). The System Is Corrupted, and the Mainstream Media Is Lying to us! Exploring the Relation Between Affinity Toward Conspiracy Myths and Alternative News Media Usage. In: International Journal of Public Opinion Research, Jg. 36, H. 1, S. 1–6.**

Studie zu den Faktoren, die in der Schweizer Bevölkerung zur Nutzung Alternativer Medien beitragen.

# Onlinequellen

Becker, Christoph (2023). Abschlussbericht: Gegenmedien als Radikalisierungsmaschine. https://gegenmedien.info/christoph-becker-abschlussbericht-gegenmedien-als-radikalisierungsmaschine/

Hillje, Johannes (2019). Propaganda 4.0 von Europas Rechtspopulisten. https://www.bpb.de/themen/medien-journalismus/digitale-desinformation/290580/propaganda-4-0-von-europas-rechtspopulisten/

Meisner, Matthias (2023). Verkehrte Parallelmedienwelt. https://www.journalist.de/werkstatt/werkstatt-detail/verkehrte-parallelmedienwelt/

Müller, Tobias/Dehn, Jonathan/Fürniß, Alexander (2023). Eskalationspresse. https://katapult-magazin.de/de/artikel/eskalationspresse

Röttger, Tania/Echtermann, Alice Echtermann/Eckert, Till (2021). Wie österreichische Medien in den deutschen Wahlkampf eingreifen. https://correctiv.org/faktencheck/hintergrund/2021/09/23/wie-report24-wochenblick-auf1-infodirekt-den-wahlkampf-zur-bundestagswahl-mit-desinformation-beeinflussen/

# Glossar

Account   Englischer Begriff für „Nutzer:innenkonto"; persönlicher Zugang zu einer digitalen Plattform, den man nach einer erfolgreichen Anmeldung erhält.

Affiliate Links   Digitale Vertriebsstrategie, bei der ein kommerzielles Unternehmen seinen Werbepartner:innen Provisionen anbietet. Durch einen in den Link integrierten Code lässt sich eindeutig zuordnen, über welchen „Affiliate" das Produkt vermittelt wurde.

Algorithmus   Handlungsvorschrift eines Computerprogramms zur Lösung eines konkreten Problems. Auf den sozialen Plattformen dienen Algorithmen zur Sortierung, Filterung oder personalisierten Darstellung von Daten, etwa bei Suchanfragen oder der Rangordnung von Inhalten.

APO   Abkürzung für „Außerparlamentarische Opposition", die in der BRD ab Mitte der 1960er-Jahre vor allem von Studierenden und Jugendlichen getragen wurde.

**Bots** Bezeichnung für ein Computerprogramm, das automatisiert arbeitet, ohne dabei auf die Interaktionen menschlicher Nutzer:innen angewiesen zu sein. Im Bereich sozialer Medien spricht man von „Social Bots".

**Clickbaiting** Strategie im digitalen Raum, die Nutzer:innen zum Klicken eines Links zu verleiten, etwa durch reißerische oder irreführende Schlagzeilen zu einem Artikel.

**Click Farm** Professionell organisierte Gruppe von Nutzer:innen, deren Aufgabe darin besteht, auf Werbung im Internet zu klicken, Social-Media-Beiträge zu teilen oder Kommentare zu verfassen.

**Debunking** Englischer Begriff für den Prozess, falsche oder irreführende Behauptungen im Netz zu entkräften.

**Desinformation** Gezielte Verbreitung falscher oder irreführender Informationen mit der Absicht, Menschen zu täuschen oder zu manipulieren.

**Echokammer** Digitale Kommunikationsräume, in denen Menschen in ihren vorgefassten Überzeugungen hauptsächlich bestätigt werden, ohne mit abweichenden Positionen in Berührung zu kommen.

**Faktencheck** Journalistisches Konzept, das die Richtigkeit von Informationen, Quellen oder Behauptungen überprüft. Bekannte Faktencheck-Institutionen im deutschsprachigen Raum sind *Correctiv*, *Mimikama* oder *faktenfinder (ARD)*.

**Gatekeeper** Personen oder Institutionen, die entscheiden können, welche Informationen an die Öffentlichkeit gelangen und welche nicht. Im 20. Jahrhundert besaßen große Medienhäuser wie die öffentlich-rechtlichen Sendeanstalten eine Gatekeeper-Funktion.

**Hashtag** Funktion sozialer Medien, um bestimmte Inhalte in Form von Schlagworten („tag") zu kategorisieren bzw. leichter auffindbar zu machen; hierfür dient das Rautezeichen #, das dem Wort vorangestellt wird, um einen Hashtag als solchen zu kennzeichnen.

**Hatespeech** Englischer Begriff für „Hassrede" mit dem Ziel einer Herabsetzung von Personen oder Gruppen aufgrund von ethnischer Herkunft, Religion, Geschlecht, sexueller Orientierung, Behinderungen oder politischer Orientierung.

Mailbox-Systeme  Erste Formen digitaler Plattformen, die es Nutzer:innen ermöglichen, Nachrichten und Dateien auszutauschen, ehe das Internet zum Massenphänomen wurde.

Mikroblogging  Form des Bloggens, bei der Nutzer:innen kurze Beiträge veröffentlichen, meist mit einer Begrenzung der Zeichenzahl. Beispiele für derzeit bekannte Mikroblogging-Dienste sind *X* (vormals *Twitter*), *Mastodon* und *BlueSky*.

RAF  Linksextremistische terroristische Vereinigung, die 1970 in der BRD gegründet wurde. Die RAF verstand sich als eine antiimperialistische, kommunistische Stadtguerilla und war verantwortlich für zahlreiche tödliche Attentate und Bombenanschläge.

Reels  Videos, die in der Regel eine maximale Länge von 90 Sekunden haben und über soziale Plattformen verbreitet werden.

Podcast  Serie von Audio- und manchmal auch Videosendungen, die über das Internet als Stream oder Download abgerufen werden können. Podcasts sind oft themenspezifisch und können von Laien, aber auch von professionellen Journalist:innen und Medienunternehmen produziert sein.

Propaganda  Systematische Verbreitung von politischen, weltanschaulichen oder ähnlichen Ideen mit dem Ziel, die allgemeine Meinung von Menschen in bestimmter Weise zu beeinflussen.

Social-Media-Plattform  Sammelbegriff für Online-Plattformen, auf denen Nutzer:innen mit eigener Profilseite digitale Inhalte erstellen, teilen und mit anderen interagieren können. Die Plattformen ermöglichen es Menschen, sich zu vernetzen, Informationen auszutauschen und an Diskussionen teilzunehmen. Zu den bekanntesten Social-Media-Plattformen zählen *Facebook*, *Instagram* und *X* (vormals *Twitter*).

Troll  Person, die im Internet andere Personen absichtlich provoziert oder verärgern will.

Verschwörungstheorie  Annahme, dass gesellschaftliche oder politische Ereignisse durch das konspirative Wirken einer einflussreichen kleinen Gruppe gesteuert würden.

The manufacturer's authorised representative in the EU is Springer Nature Customer Service Centre GmbH, Europaplatz 3, 69115 Heidelberg, Germany. If you have any concerns regarding our products, please contact ProductSafety@springernature.com

Printed and bound by CPI Group (UK) Ltd, Croydon, CR0 4YY
26/03/2026
02078988-0001